NE능률 영어교과서

대한민국 고등학생 **10명** 중 **4.7** 명이 보는 교과서

영어 고등 교과서 점유율 1위

(7차, 2007 개정, 2009 개정, 2015 개정)

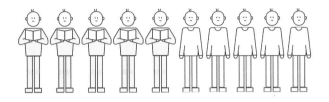

능률보카

그동안 판매된
능률VOCA 1,100만 부

대한민국 박스오피스
**천만명을 넘은 영화
단 28개**

VOCA

리딩튜터

READING TUTOR

190,000m

그동안 판매된
리딩튜터 1,900만 부
차곡차곡 쌓으면 19만 미터

**에베레스트
21 배 높이**

에베레스트 8,848m

그래머존

그동안 판매된 450만 부의 그래머존을 바닥에 쭉-

1000km 서울-부산 왕복가능

서울

부산

KB014127

지은이	NE능률 영어교육연구소
선임연구원	전성호
연구원	선정아, 여윤구, 가민아
영문교열	Olk Bryce Barrett, Nathaniel Galletta
디자인	송현아, 오솔길
맥편집	김선희

Let's grow together

NE능률이
미래를
창조합니다.

건강한 배움의 고객가치를 제공하겠다는 꿈을 실현하기 위해
40년이 넘는 시간 동안 열심히 달려왔습니다.

앞으로도 끊임없는 연구와 노력을 통해
당연한 것을 멈추지 않고

고객, 기업, 직원 모두가 함께 성장하는 NE능률이 되겠습니다.

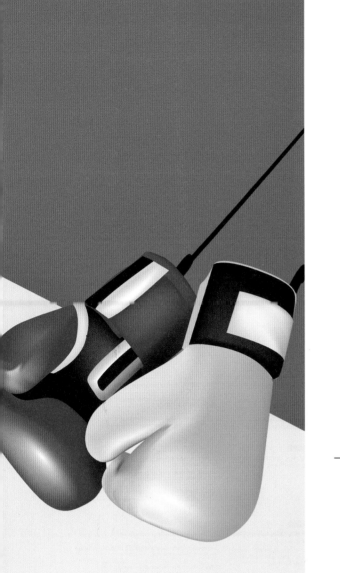

맞수

맞춤형 **수**능영어
단기특강 시리즈

수능문법어법

기본편

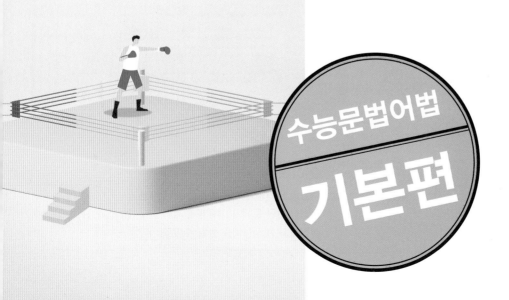

STRUCTURE

❶ 핵심 문법 POINT

수능 문법성 판단 문제에서 출제되는 중요한
핵심 포인트를 뽑아서 알기 쉽게 설명하였습니다.

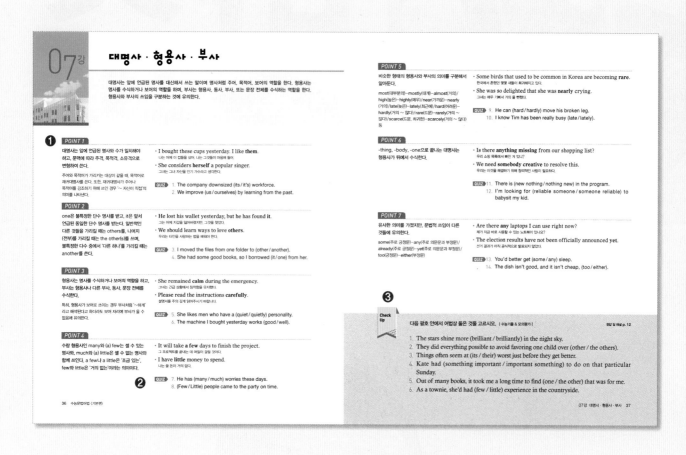

❷ 문법 예문 및 QUIZ

각 문법 포인트를 각각의 예문으로
익힌 후, QUIZ를 통해 해당 문법 내용을
다시 한 번 확인할 수 있습니다.

❸ CHECK UP

수능과 모의평가 기출 예제를 통해 수능에서
문법성 판단 문제가 어떻게 출제되는지 확인하여
실전에 대한 적응력을 높일 수 있습니다.

❹ READ & APPLY

정답 및 해설 p. 12

[1-2] (A), (B), (C)의 각 네모 안에서 어법에 맞는 표현으로 가장 적절한 것을 고르시오.

1 When the sun goes down in Guinea, the bright lights at Gbessia International Airport come on, and something surprising happens—the parking lot fills up with diligent students who begin studying. The children don't allow (A) them / themselves to be distracted by the noisy jets or the newly arrived passengers leaving the airport. Guinea is one of the world's poorest countries, and it (B) estimates / is estimated that the typical Guinean consumes only 89 kilowatt-hours of electricity each year; the average American uses about 158 times that amount every year. This is partly because only about one fifth of the people in Guinea have access to electricity, and even they often experience power cuts. With few families able to use electricity, the airport has become the most reliable place for students to study (C) late / lately at night.

	(A)		(B)		(C)
①	them	……	is estimated	……	late
②	them	……	estimates	……	lately
③	themselves	……	is estimated	……	lately
④	themselves	……	estimates	……	late
⑤	themselves	……	is estimated	……	late

2 Hummingbirds are very small birds which have an extremely high metabolic rate. They burn a huge amount of energy flying, so they must feed (A) most / almost constantly to replace it. Hummingbirds eat up to 50 percent of their body weight each day, feeding mainly on nectar. Most hummingbirds have (B) so / such a long bill that they can drink nectar from deep within flowers, flying all the while. However, they do not spend all day flying and feeding; rather, they spend the majority of their time sitting. They spend around 15 percent of their time flying and around 85 percent sitting and digesting. Hummingbirds have very poorly developed feet, so they can (C) hard / hardly walk.

	(A)		(B)		(C)
①	most	……	so	……	hard
②	most	……	so	……	hardly
③	almost	……	so	……	hardly
④	almost	……	such	……	hard
⑤	almost	……	such	……	hardly

13강

MINI TEST ❺

[1-2] 다음 글의 밑줄 친 부분 중, 어법상 틀린 것을 고르시오.

1 ① Stretching across Europe, the Camino de Santiago comprises a network of old pilgrimage routes rich in history. These days, spiritual adventurers come from all over the world to take up the challenge of trekking along this impressive trail system. The most popular section runs for 780 km across the north of Spain, from St. Jean Pied de Port to Santiago de Compostela, and ② are known as the Camino Frances, or French Route. While the sheer distance of this trek demands a certain level of physical fitness, anyone, no matter how young or old, can enjoy ③ hiking the Camino Frances. The key is not to rush it; the people who have the most trouble are ④ those who try to walk too fast. Instead, it is advisable to slow down and allow yourself the time ⑤ to experience your magnificent surroundings.

*Camino de Santiago 산티아고 순례길

2 In addition to the numerous decisions that expecting parents face, there is now the issue of ① whether or not to bank their baby's umbilical cord blood. From magazine advertisements to flyers in their doctor's office, parents ② are repeatedly told of the importance of saving their baby's umbilical cord blood. This is because umbilical cord blood is a primary source of stem cells, ③ which contribute to the development of all tissues and organs in the body. The information from these cells therefore ④ provide doctors with a way to treat leukemia and other genetic diseases. Thus banking a baby's blood and stem cells in a cord blood bank could prove ⑤ invaluable.

*umbilical cord blood: 제대혈(탯줄에 들어 있는 피) **leukemia: 백혈병

❹ READ & APPLY

앞에서 학습한 문법 사항을 수능 출제 경향을 반영한 실전 문제에 적용해 풀며 제대로 이해하고 있는지 확인할 수 있습니다.

❺ MINI TEST

1~12강에 걸쳐 학습한 내용을 총 4회의 MINI TEST를 통해 최종적으로 점검할 수 있습니다.

CONTENTS

The way to get started is
to quit talking and begin doing.
- Walt Disney -

CHAPTER 01

주어 · 동사의 이해

01강 수의 일치

문장의 주어가 단수이면 단수 동사를 써야 하고, 복수이면 복수 동사를 써야 한다. 주어가 한두 단어로 짧게 이루어져 있으면 수의 일치 여부를 쉽게 파악할 수 있지만, 구나 절로 길어지면 파악하기 어려울 수 있다. 또한, 우리말로는 복수의 의미를 나타내지만, 영어에서는 단수 취급을 하는 경우도 있다. 이러한 점들에 유의하며 문장의 구조를 정확히 파악해서 전체 주어를 찾는 것이 가장 중요하다.

POINT 1

명사구(부정사구, 동명사구)나 명사절
(의문사절, that절, whether절)이 주어로 쓰인
경우, 항상 단수 동사를 쓴다.

- Listening to classical music **is** good for relieving stress.
  클래식 음악을 듣는 것은 스트레스 완화에 좋다.
- That she missed the bus **was** a lie.
  그녀가 버스를 놓쳤다는 것은 거짓말이었다.

QUIZ ▶ 1. To learn a foreign language (take / takes) time and effort.
2. Whether they are happy or not (is / are) not the point.

POINT 2

주어를 수식하는 어구(분사구, 전치사구,
관계사절 등) 때문에 주어와 동사가 멀리 떨어져
있어도, 전체 주어가 단수이면 단수 동사를 쓰고,
복수이면 복수 동사를 쓴다.

- This room filled with old paintings **is** interesting.
  오래된 그림들로 가득 차 있는 이 방은 흥미롭다.
- The girls who are wearing glasses **are** my sisters.
  안경을 쓰고 있는 그 여자아이들은 내 여동생들이다.

QUIZ ▶ 3. The brown dog eating cookies (is / are) mine.
4. The green leaves on the tree (turn / turns) red in autumn.

POINT 3

「There+is[are]+주어 ~」 구문에서 뒤에
나오는 주어가 단수이면 단수 동사를, 복수이면
복수 동사를 쓴다.

- There **is** a high chance of rain tonight.
  오늘 밤에 비가 올 확률이 높다.
- There **are** many people in the baseball stadium.
  야구 경기장에 많은 사람들이 있다.

QUIZ ▶ 5. There (is / are) always a lot of exceptions to grammar rules.
6. There (is / are) a lot of traffic during rush hour.

POINT 4

주어가 each나 every의 수식을 받거나, 주어
자리에 -thing, -body, -one으로 끝나는
대명사가 오는 경우에는 단수 동사를 쓴다.

- Each country **has** its own flag and traditional dress.
  각 나라는 고유의 국기와 전통 의상이 있다.
- Everyone **has** a responsibility to pay taxes.
  모든 사람은 세금을 내야 할 의무가 있다.

QUIZ ▶ 7. Every person (want / wants) to have a good friend.
8. Nothing (is / are) more important than health.

POINT 5

두 개의 주어가 상관접속사에 의해 연결된 경우 동사의 수를 B에 일치시킨다.

「not only A but (also) B」 'A뿐만 아니라 B도'
(= B as well as A)
「either A or B」 'A이거나 B'
「neither A nor B」 'A와 B 둘 다 아닌'
「not A but B」 'A가 아니라 B'

- Her friends, as well as Jessica, **were** absent from the class.
  Jessica뿐만 아니라 그녀의 친구들도 수업에 결석했다.
- Neither he nor I **like** horror movies.
  그와 나 둘 다 공포 영화를 좋아하지 않는다.

QUIZ 9. Not only Brian but also his classmates (like / likes) their new teacher.

10. Either my parents or my uncle (is / are) coming to the airport to pick me up.

POINT 6

주어가 단수인지 복수인지 혼동하기 쉬운 표현들에 유의한다.

「the number of+복수 명사」 '~의 수' (단수 취급)
「a number of+복수 명사」 '많은 ~' (복수 취급)

- The number of female students in the science class **is** 12.
  과학 수업의 여학생 수는 12명이다.
- A number of wild animals **are** in danger of extinction.
  많은 야생 동물들이 멸종 위기에 처해 있다.

QUIZ 11. A number of citizens (is / are) protesting against the new law.

12. The number of people studying Chinese (is / are) increasing.

Check Up

다음 괄호 안에서 어법상 옳은 것을 고르시오. | 수능기출 & 모의평가 | 정답 및 해설 p. 2

1. Those who never make it (is / are) the ones who quit too soon.
2. The number of books he owned in total (is / are) simply unknown.
3. Every element in an ecosystem (depend / depends) on every other element.
4. The bodies of flowing ice (is / are) the most spectacular of natural features.
5. There (is / are) many instances of well-known actors who, in mid-career, develop stage fright and simply cannot perform.
6. The perfume of wildflowers (fill / fills) the air as the grass dances upon a gentle breeze.
7. Saying a person's name too often in face-to-face conversation (sound / sounds) manipulative.
8. The linkage between systems and services (is / are) critical to any discussion of infrastructure.

[1-3] 다음 글의 밑줄 친 부분 중, 어법상 틀린 것을 고르시오.

1 A woman who was born in Nigeria, but moved to the US during her childhood, recalls her new American classmates asking her to "say something in African." Requests like this ① shows how difficult it is to define a person's identity with a single word. In reality, there ② are nearly 2,000 different languages spoken in Africa. Some, such as Swahili, ③ are spoken by millions of people. Others are only spoken by a few hundred people. People in Nigeria ④ speak English as well as their own indigenous languages. Therefore, asking someone to speak "African" ⑤ ignores the vast diversity of that continent.

*Swahili: 스와힐리어(동부 아프리카에서 널리 사용되는 공용어)

2 The carrot is a popular vegetable which ① is thought to be extremely nutritious. There are many different kinds of carrots, including white, yellow, red, and purple varieties. The most common color for carrots these days, however, ② is orange. This modern variety actually ③ wasn't cultivated until the late 16th century. Dutch farmers took purple, yellow, and white carrots and gradually developed them into a new orange variety. It's possible that the reason these orange carrots were popular in the Netherlands ④ were that they were considered a tribute to William of Orange, a popular leader at the time. More likely reasons, however, are that the orange carrots that the Dutch developed ⑤ were sweeter and easier to grow than other varieties.

3 A number of students in Belgium ① were asked by researchers how often they shared meals with their family during their childhood and how often they currently performed altruistic acts. The results showed that those who had frequently shared meals scored higher in terms of altruism. Sharing food ② encourages people to think about fairness, since they must consider how much they are getting in relation to everyone else at the table. There ③ is a difference, though, between sharing a meal and simply eating together. Neither eating alone nor having a meal in which everyone orders his or her own food ④ produce charitable feelings. But when a large platter of food ⑤ is shared, our altruistic side comes out. This research shows having meals together helps children develop positive social behaviors.

4 (A), (B), (C)의 각 네모 안에서 어법에 맞는 표현으로 가장 적절한 것은?

Our emotions are easily influenced by those of others. In fact, studies have revealed that simply seeing someone who is stressed (A) increases / increase one's own stress hormones. This tendency towards empathy isn't helpful when it comes to certain negative emotions like anxiety. Anxiety seems productive, because focusing on problems (B) feels / feel like taking action in order to address them. And if we get others to share in our anxiety about something, it seems like several people are working together to resolve the issue. However, anxiety is just a distraction; only worrying about a problem actually ensures that we will never find a solution. That means joining an anxious person in their worrying doesn't help them at all. The best course of action (C) is / are to remain calm.

	(A)		(B)		(C)
①	increases	……	feels	……	are
②	increases	……	feel	……	is
③	increases	……	feels	……	is
④	increase	……	feel	……	are
⑤	increase	……	feels	……	is

02강 시제

시제란 동사의 형태를 변화시킴으로써 시간을 나타내는 것을 말한다. 기본 시제로는 현재, 과거, 미래 시제가 있으며, 각각의 기본 시제에 진행형, 완료형, 완료진행형이 있다. 주절과 종속절의 시제는 일치시켜야 하지만, 예외적으로 현재 시제가 미래 시제를 대신하는 경우도 있으므로 이에 유의한다.

POINT 1

반복적으로 일어나는 일이나 과학적 · 일반적 사실, 격언 등은 현재 시제로 나타내며, 역사적 사실은 과거 시제로 나타낸다.

- He **goes** to a meeting every Friday.
  그는 매주 금요일에 모임에 간다.
- The Civil War **started** in 1861.
  남북전쟁은 1861년에 발발했다.

QUIZ 1. The early bird (catches / caught) the worm.
2. Dr. Schweitzer (is / was) awarded the Nobel Prize in 1952.

POINT 2

시간이나 조건을 나타내는 부사절에서는 현재 시제가 미래 시제를 대신한다.

- Will you wait until the airplane **departs**?
  너는 비행기가 출발할 때까지 기다릴 거니?
- If I **stay** home tomorrow, I will watch a movie.
  내가 내일 집에 있으면, 나는 영화를 볼 것이다.

QUIZ 3. Let's eat this soup before it (gets / will get) cold.
4. Once people (learn / will learn) to use the new system, productivity will increase.

POINT 3

과거의 특정 시점부터 현재까지의 경험, 동작의 완료, 결과, 계속 등을 나타낼 때는 현재완료를 쓴다.

단, 현재완료는 명백하게 과거를 나타내는 표현(ago, last, yesterday, that time 등)과 함께 쓸 수 없다.

- I **have played** the violin since I was six.
  나는 6살 때부터 바이올린을 연주해왔다.
- He only **slept** for an hour last night.
  그는 어젯밤에 한 시간밖에 못 잤다.

QUIZ 5. James (was / has been) to New York three times before.
6. I (didn't speak / haven't spoken) with him since yesterday.

POINT 4

과거의 특정 시점보다 더 이전에 일어났거나 과거 이전부터 과거의 특정 시점까지의 경험, 동작의 완료, 결과, 계속 등을 나타낼 때는 과거완료를 쓴다.

- I **had lived** in France for a year before I came back to Korea.
  나는 한국에 돌아오기 전에 일 년 동안 프랑스에 살았었다.
- He **had had** few friends until he joined the club.
  그는 그 동아리에 가입할 때까지 친구가 거의 없었었다.

QUIZ 7. She (had / has) already left by the time I got home.
8. I (had been / have been) a nurse before I became a teacher.

POINT 5

주절과 종속절의 시제는 일치시켜야 한다. 주절이 현재 시제일 경우, 종속절에는 어떤 시제든지 쓸 수 있다. 주절이 과거 시제일 경우, 종속절의 내용이 주절과 같은 시점에 일어난 일이면 과거를, 이전에 일어난 일이면 과거완료를 쓴다.

- He says you **are** a good cook.
  그는 당신이 훌륭한 요리사라고 하더군요.
- I went to bed after I **had finished** the novel.
  나는 소설을 다 읽은 후에 잠자리에 들었다.

QUIZ ▶ 9. I knew that Kelly (will / would) win first prize in the piano contest.

10. My teacher told me that I (make / had made) a mistake on the exam.

POINT 6

상태 · 소유 · 감정 · 지각을 나타내는 동사는 원칙적으로 진행형으로 쓸 수 없다.

상태: be, exist, resemble 등
소유: have, own, belong to 등
감정: like, love, hate 등
지각: see, watch, hear, feel, smell 등

- This tablet PC **belongs to** my sister.
  이 태블릿 PC는 내 여동생 것이다.
- At the time, no regulations **existed** for that industry.
  그 당시에 그 산업에 관한 규정이 없었다.

QUIZ ▶ 11. I (heard / was hearing) the phone ring.

12. He (owns / is owning) the copyright for this book.

Check Up

다음 괄호 안에서 어법상 옳은 것을 고르시오. | 수능기출 & 모의평가 |

정답 및 해설 p. 3

1. He said I (can / could) do everything myself that night.
2. If our situation (changes / will change), we will call you to resume delivery.
3. By the time the rescue ship arrived, the ship (had / has) already gone down.
4. Until my practice period was completed, I (neglect / neglected) everything else.
5. It was difficult to determine where the accident (takes place / had taken place).
6. I (felt / was feeling) a sudden chill in the air followed by an uncomfortable stillness.
7. Over the years, I (counsel / have counseled) people who wanted jobs to show initiative.
8. A moving object (continued / continues) to move unless some force is used to stop it.

[1-2] (A), (B), (C)의 각 네모 안에서 어법에 맞는 표현으로 가장 적절한 것을 고르시오.

1 By the early 1900s, gray wolves (A) had begun / have begun to disappear from Yellowstone National Park in the US, and this resulted in a growing elk population. The elk ate too many leaves from the trees, which reduced shade along rivers and creeks. This caused water temperatures to increase, and the populations of many fish species in the park (B) declined / had declined. To restore balance to Yellowstone's ecosystem, sixty-six gray wolves from Canada were released into the park. As a result, the number of elk quickly dropped. Now, the ecosystem has returned to its natural balance. This story shows how crucial some species are for the health of an entire ecosystem. If we (C) respect / will respect all species equally, we'll be able to continue to enjoy the natural world.

(A)		(B)		(C)
① had begun	······	declined	······	will respect
② had begun	······	had declined	······	respect
③ had begun	······	declined	······	respect
④ have begun	······	had declined	······	will respect
⑤ have begun	······	declined	······	respect

2 Many marine animals will make their way back to the place they were born when it (A) is / will be time to produce offspring of their own. One example is sea turtles, which, researchers have determined, use the earth's magnetic field to navigate back to their birthplace. Different parts of the coastline (B) have / are having their own magnetic signature. The turtles remember this signature and return to their home beaches to mate and breed. However, the earth's magnetic field changes its position over time. The researchers guessed the turtles might notice those changes, and when they looked at nesting data, they discovered that they (C) are / were right. There were fewer nests in areas where magnetic signatures had shifted farther apart and more nests in areas where magnetic signatures from nearby beaches had come together.

(A)		(B)		(C)
① is	······	have	······	are
② is	······	have	······	were
③ is	······	are having	······	were
④ will be	······	are having	······	are
⑤ will be	······	have	······	were

3 In a drone race, each pilot ① navigates a drone through a course at speeds of up to 160 kilometers per hour. Drone racing ② began as an amateur sport a few years ago in Australia, when pilots started sharing videos of their competitions on social media. It had few fans at first, but the sport ③ had gained more attention as drones have become more affordable. This year, an estimated 3 million drones will be sold in the United States. And once someone buys ④ one, they usually want to do something more exciting than just flying it above their house. Some people believe that drone racing could follow a path similar to ⑤ that of e-sports, which also started small but is now hugely popular.

4 Ransomware ① has become a larger concern for businesses in the last few years. In fact, the total number of people affected by ransomware ② surpassed two million several years ago. Ransomware attacks ③ occur mostly via email, and when ransomware infects a computer system, it locks files until the user pays the attacker. Fortunately, many companies have been able to access their files without paying this ransom. In response, though, cybercriminals have created an even more dangerous threat, called doxware. Doxware ④ is resembling ransomware, but in addition to locking files, it also accesses private information, including conversations and photos. It threatens to make this information public unless the ransom ⑤ is paid. As both ransomware and doxware become more common, individuals and businesses must prioritize security.

Word Study

1 **elk** 엘크(북아메리카산 큰 사슴) **population** 인구; *개체 수 **shade** 그늘 **creek** 개울 **decline** 감소하다 **restore** 회복시키다 **ecosystem** 생태계 **release** 풀어주다, 놓아주다 **drop** 떨어지다 **crucial** 중대한, 결정적인 **equally** 동일하게

2 **marine** 바다의, 해양의 **offspring** 자식, 새끼 **sea turtle** 바다거북 **determine** 알아내다, 밝히다 **magnetic field** 자기장 **navigate** 길을 찾다 **birthplace** 출생지 **coastline** 해안 지대 **signature** 서명; *특징 **mate** 짝짓기를 하다 **breed** 새끼를 낳다 **nest** 둥지를 틀다; (새 · 파충류 등의) 둥지[보금자리] **shift** 옮기다, 이동하다 **apart** 떨어져 **nearby** 가까운 곳의

3 **navigate** 항해하다; *(배 · 비행기를) 조종하다 **course** 항로 **up to** ~까지 **competition** 경쟁; *대회, 시합 **gain** 얻다 **attention** 주의 (집중), 주목 **affordable** 입수 가능한, (가격이) 알맞은 **estimate** 추정하다 **path** 길, 방향 **hugely** 엄청나게, 극도로

4 **concern** 우려, 걱정 **affect** 영향을 미치다 **surpass** 능가하다, 뛰어넘다 **mostly** 주로, 일반적으로 **infect** 감염시키다 **access** 접속하다 **ransom** 몸값, 배상금 **threat** 협박, 위협 (ⓥ threaten 협박[위협]하다) **individual** 개인 **prioritize** 우선 순위를 매기다; *우선적으로 처리하다 **security** 보안, 안보

03강 수동태

행위를 하는 주체에 초점을 두느냐 또는 행위의 영향을 받는 대상에 초점을 두느냐에 따라 문장의 형태가 달라진다. 능동태는 행위자에 초점을 두고 '~가 …하다'라고 해석한다. 반면, 수동태는 행위의 대상에 초점을 두고 '~가 …당하다[되다]'라고 해석한다. 수동태의 기본 형태는 「be동사+v-ed」이며, 행위자를 밝힐 필요가 있는 경우에는 「by+목적격」의 형태로 나타낸다.

POINT 1

수동태는 「be동사+v-ed」의 형태로, 주로 행위자가 분명하지 않거나 중요하지 않을 때 쓴다.

- He **was chosen** as the MVP of the game.
  그는 경기의 최우수 선수로 선정되었다.
- New electrical devices **have been invented**.
  새로운 전자 기기들이 발명되었다.

QUIZ 1. This apartment (built / was built) 15 years ago.
2. A lot of new movies (release / are released) every year.

POINT 2

감정을 나타내는 동사의 주체가 사람일 경우, 주로 수동태를 쓴다.

- I **was frightened** by the car accident.
  나는 그 차 사고에 깜짝 놀랐다.
- His mother **was delighted** by his news.
  그의 어머니는 그의 소식에 기뻐하셨다.

QUIZ 3. She (was embarrassing / was embarrassed) by his question.
4. They (were exciting / were excited) by their new findings.

POINT 3

동사가 부사나 전치사와 결합하여 타동사의 역할을 하는 동사구를 수동태로 바꿀 경우, 동사구는 한 덩어리로 움직인다.

- The lost cat **was looked after** by Jason.
  그 길 잃은 고양이는 Jason에 의해 보살펴졌다.
- She **was brought up** by her grandparents.
  그녀는 자기 조부모에 의해 길러졌다.

QUIZ 5. A small dog (was run / was run over) by a motorcycle.
6. The project should (be carried / be carried out) by several experts.

POINT 4

by 이외의 전치사를 쓰는 수동태 구문들을 알아둔다.

be interested in(~에 흥미가 있다), be satisfied with(~에 만족하다), be covered with(~로 덮이다), be filled with(~로 가득 채워지다), be made of[from](~로 만들어지다) 등

- Our village **is covered with** snow.
  우리 마을은 눈으로 뒤덮여 있다.
- My brother **is interested in** water sports.
  내 남동생은 수상 스포츠에 관심이 있다.

QUIZ 7. Wine is made (by / from) grapes.
8. I'm satisfied (in / with) my test score.

「They say[believe/think] that ～」구문의
수동태는 두 가지 형태로 쓸 수 있다.

• **They think that** she lied to her friends.
그들은 그녀가 그녀의 친구들에게 거짓말을 했다고 생각한다.

= **It is thought that** she lied to her friends. (that절이 수동태의 주어일 때)

= **She is thought to have lied** to her friends. (that절의 주어가 수동태의 주어로 올 때)

QUIZ 9. The rumor (says / is said) to be false.
10. It (believes / is believed) that Jennifer saved her children from danger.

POINT 6

목적어를 가질 수 없는 자동사(look, seem,
appear, happen 등)와 상태를 나타내는 일부
타동사(have, resemble, suit, lack 등)는
수동태로 쓸 수 없다.

• She **looked** tired from exercising.
그녀는 운동으로 피곤해 보였다.

• We can't believe what **happened** to us.
우리는 우리에게 일어난 일을 믿을 수가 없다.

QUIZ 11. Tony (resembles / is resembled by) his father.
12. The actor finally (appeared / was appeared) on the stage.

Check Up

다음 괄호 안에서 어법상 옳은 것을 고르시오. | 수능기출 & 모의평가 |

정답 및 해설 p. 5

1. Balls were first made (of / by) grass or leaves held together by strings.
2. Smoking (prohibits / is prohibited) in all Smithsonian facilities.
3. He wanted to become an officer but (did not allow / was not allowed) to because he was the son of a tailor.
4. There are some people who believe that no one should (trust / be trusted).
5. Giorgio Vasari (considered / was considered) to be more successful as an architect than a painter.
6. I (surprised / was surprised) to see trainers on their lunch hour sunbathing in a pile with their sea lions.
7. Successful people have learned the value of staying in the game until it (wins / is won).
8. The families (made / were made) miserable by the noise, and they complained to the city government.

[1-3] 다음 글의 밑줄 친 부분 중, 어법상 틀린 것을 고르시오.

1 It ① has been known that women live longer than men on average. And smoking is generally ② believed to be one of the main causes of men's shorter life spans. Historically, men have smoked at much higher rates than women and have therefore been more likely to die from smoking-related illnesses like heart disease and lung cancer. Female smoking ③ has never grown to the same levels of frequency as male smoking, so women have been less likely to die from these avoidable diseases. The good news is ④ that many men have decided to quit smoking in recent years, and male life expectancy is consequently increasing. Quitting smoking has resulted in health benefits that many men have been satisfied ⑤ by, and the gap between the life spans of men and women is narrowing.

2 Many nutrition guides state that olive oil ① should be used as the main source of fat in a healthy diet. As a nutritionist, I ② was once asked if canola oil was unhealthy. There has been debate on this issue. Because canola oil is high in unsaturated fat, it ③ thinks to lower bad cholesterol and reduce the risk of heart disease. However, some people believe it's not healthy because about 90% of canola grown in the US is genetically modified and harmful chemicals ④ are used while processing canola seeds. There isn't one definite answer, but many people agree that ⑤ it's preferable to avoid genetically modified canola oil.

*unsaturated fat: 불포화 지방

3 Foot-and-mouth disease, or FMD, is a highly contagious disease that ① affects animals with divided hooves, including pigs, sheep, and cows. FMD ② is caused by a virus that lives in the tissues of infected animals as well as in their breath, saliva, urine, and other excretions. Under the right conditions, the virus can ③ survive for several months in the environment. Symptoms of the disease typically appear within 2 to 14 days after an animal ④ has infected. The FMD virus is very difficult to prevent because there are 7 known types and more than 60 subtypes and immunity to one type or subtype ⑤ does not protect an animal against another. Because of this, FMD is a major concern for animal farmers.

*foot-and-mouth disease: 구제역(소·양 등의 입과 발에 생기는 병)

4 (A), (B), (C)의 각 네모 안에서 어법에 맞는 표현으로 가장 적절한 것은?

Augmented reality is a computer-generated view of the real world that incorporates virtual images and sounds. The ways in which augmented reality (A) is used / uses fall into two main categories. First, some augmented reality programs show contextual information about one's environment. For example, an augmented reality browser might display a building's history or even its estimated value when you point your smartphone's camera at it. The other way in which augmented reality is generally (B) experienced / experiencing is through mobile games. One of the most famous examples of this is Pokémon Go. In this game, virtual Pokémon (C) appear / are appeared when you view your surroundings through the game's interface on your phone.

*augmented reality: 증강 현실

	(A)		(B)		(C)
①	is used	……	experienced	……	appear
②	is used	……	experienced	……	are appeared
③	is used	……	experiencing	……	appear
④	uses	……	experiencing	……	are appeared
⑤	uses	……	experienced	……	appear

Word Study

1 **on average** 평균적으로 **life span** 수명 **smoke** 연기; *(담배를) 피우다 **lung cancer** 폐암 **frequency** 빈도 **avoidable** 피할 수 있는 **life expectancy** 기대 수명 **consequently** 결과적으로 **result in** 결과적으로 ～이 되다 **gap** 격차[차이] **narrow** 좁아지다

2 **nutrition** 영양 **state** 진술하다, 말하다 **source** 근원, 원천 **fat** 지방 **diet** 식사 **nutritionist** 영양사 **debate** 토론; *논쟁 **genetically modified** 유전자가 조작된 **harmful** 해로운 **process** 가공[처리]하다 **definite** 확실한 **preferable** 더 좋은, 나은

3 **highly** 매우 **contagious** 전염되는, 전염성의 **divide** 나누다, 가르다 **hoof** (말 등의) 발굽 (pl. hooves) **tissue** (세포들로 이뤄진) 조직 **infect** 감염[오염]시키다 **saliva** 침, 타액 **urine** 소변 **excretion** 배설[분비]물 **condition** (pl.) 환경, 상황 **survive** 살아남다, 생존하다 **symptom** 증상, 증후 **typically** 보통, 일반적으로 **subtype** 아류형 **immunity** 면역력

4 **generate** 발생시키다, 만들어내다 **incorporate** 포함하다 **virtual** 사실상의; *(컴퓨터를 이용한) 가상의 **category** 범주 **contextual** 맥락[전후 사정]과 관련된 **browser** 브라우저(인터넷의 자료들을 읽을 수 있게 해주는 프로그램) **display** 전시하다; *(컴퓨터 등이) (정보를) 보여주다 **generally** 대개, 보통 **surrounding** (pl.) 주변 환경 **interface** 【컴퓨터】 인터페이스

Happiness is a conscious choice,
not an automatic response.
- H. M. Barthel -

CHAPTER 02

준동사의 이해

04강 to부정사

to부정사는 「to+동사원형」의 형태로, 문장 속에서 명사, 형용사, 부사의 역할을 한다. 명사의 역할을 할 경우 주어, 목적어, 보어로 쓰이고, 형용사의 역할을 할 경우 앞의 명사를 수식하며, 부사의 역할을 할 경우 동사나 형용사, 부사, 또는 문장 전체를 수식한다.

POINT 1

to부정사는 문장 속에서 명사, 형용사, 부사의 역할을 하며, to부정사 앞에 not[never]을 붙여 부정형을 만든다.

- **To eat** salty food is not healthy.
  짠 음식을 먹는 것은 건강에 좋지 않다.

- Be careful **not to miss** the last train.
  마지막 기차를 놓치지 않도록 주의해라.

QUIZ
1. Now is the best time (to visit / visiting) Paris.
2. These details are (to not be / not to be) overlooked.

POINT 2

주어로 쓰이는 to부정사구는 주로 뒤로 보내고 주어 자리에 가주어 it을 쓴다.

to부정사구가 5형식 동사(think, find, make, suppose, believe 등)의 목적어로 쓰인 경우, 「동사+it+목적격 보어+to-v」의 형태로 쓴다.

- **It** is impossible **to live** without water.
  물 없이 사는 것은 불가능하다.

- She found **it** hard **to build** lasting relationships with other people.
  그녀는 다른 사람들과 지속적인 관계를 형성하는 것이 힘들다고 여겼다.

QUIZ
3. It is necessary (to fasten / fastening) your seat belt in the car.
4. He believed it his duty (tell / to tell) the truth.

POINT 3

to부정사의 행위자가 문장의 주어와 다를 때, to부정사 앞에 「for+목적격」 또는 「of+목적격」의 형태로 의미상 주어를 나타낸다.

사람의 성질이나 상태를 나타내는 형용사가 올 경우, 대개 「of+목적격」의 형태로 의미상 주어를 나타낸다.

- Here is a new novel **for you** to read.
  여기 네가 읽을 새 소설책이 있다.

- It was nice **of him** to help me.
  그는 친절하게도 나를 도와주었다.

QUIZ
5. It is very kind (for / of) you to invite me.
6. It is unusual (for / of) my brother to clean his room.

POINT 4

목적어로 to부정사가 와야 하는 동사들을 알아둔다.

hope, want, expect, decide, promise, plan, refuse, agree, ask, need, offer 등

- We expect **to publish** the final report in July.
  우리는 7월에 최종 보고서를 발표할 것으로 예상한다.

- Did you really decide **to quit** your part-time job?
  너는 정말 아르바이트를 그만두기로 결심했니?

QUIZ
7. I promise (to take / taking) you to the concert tomorrow.
8. I understand why she refused (to meet / meeting) with him.

POINT 5

보어로 to부정사가 오는 동사들을 알아둔다.

seem, appear, happen, prove, turn out 등

- She always seems **to be** very happy.
  그녀는 항상 매우 행복해 보인다.
- He appeared **to be** nervous before the game.
  그는 경기를 앞두고 긴장한 것처럼 보였다.

QUIZ 9. The jewel turned out (to be / being) a fake.
10. Mary happened (to pass by / passing by) Jack's office.

POINT 6

목적격 보어로 to부정사가 올 경우
「동사＋목적어＋to-v」의 형태임에 유의한다.

allow, permit, advise, warn, tell, want, order,
ask, cause, expect, recommend, require,
enable, encourage, train, forbid, persuade 등

- He allowed us **to do** this project.
  그는 우리가 이 프로젝트를 진행하는 것을 허락했다.
- The police officer ordered him **to get out of** his car.
  경찰은 그에게 차에서 내리라고 명령했다.

QUIZ 11. Did he tell you (to eat / eating) Thai food?
12. This policy encourages people (save / to save) more money.

POINT 7

사역동사(make, let, have 등)나 지각동사(see,
hear, feel 등)는 목적격 보어로 원형부정사
(동사원형)를 쓴다.

동사 help는 목적격 보어로 원형부정사와 to부정사 둘
다 쓸 수 있다. 지각동사의 경우 진행의 의미를 강조할
때 목적격 보어로 현재분사를 쓰기도 한다.

- My mom let me **go out** tonight.
  엄마는 내가 오늘 밤에 외출하는 것을 허락하셨다.
- I've never seen him **cook** dinner.
  나는 그가 저녁을 요리하는 것을 한 번도 본 적이 없다.

QUIZ 13. Laura made me (do / to do) the dishes.
14. I heard someone (to sing / sing) a song this morning.

Check Up

다음 괄호 안에서 어법상 옳은 것을 고르시오. | 수능기출 & 모의평가 |

정답 및 해설 p. 7

1. It is difficult (for selecting / to select) a proper diet for yourself.
2. I watched a man on the metro (try / tried) to get off the train and fail.
3. Rosalyn asked her mother (to prepare / preparing) a special treat for her birthday.
4. He got up and stood in front of the door, waiting for it (opened / to open).
5. Many parents said they wouldn't let their children (play / to play) with toy guns.
6. The lack of time for relaxation makes it difficult (get / to get) the most out of your studies.
7. The French, in particular, value their vacation time and prefer (to not work / not to work) overtime.

READ & APPLY

정답 및 해설 p. 7

[1-4] 다음 글의 밑줄 친 부분 중, 어법상 틀린 것을 고르시오.

1 An effective way ① to teach your dog a certain behavior is by "catching." Catching involves identifying and rewarding actions that your dog performs without being commanded, and it encourages your dog ② to repeat the same behavior again. For example, if you are trying to train your dog ③ sitting down, wait until it does so on its own. Then, immediately give a verbal cue of encouragement and a reward, like a toy or a treat. When your dog starts sitting consistently, say the word "sit" while it is doing so. It is best ④ to go through this process of catching as often as you can. Over time your dog will start ⑤ to perform the desired action voluntarily in order to be rewarded.

2 The function of a wind turbine is ① to convert wind energy into electricity. Strong wind is considered good for electricity production, but the speed of the wind should not be too strong. Excessive wind speeds make the turbine blades ② to spin too fast, which can cause them to tear off. In addition, the turbine tower cannot ③ remain unaffected in such conditions and may also be harmed. ④ To prevent damage to the turbine, a mechanical braking system called "furling" is used. Furling prevents turbine blades from spinning too quickly by facing the blades away from the direction of the wind. Furling systems can be manual or automatic, but both ⑤ use the same method of turning the turbine blades away when the wind is dangerously strong.

3 Animals do what is necessary to survive, but some fish allow other fish they would normally eat ① to perform cleaning tasks without harming them. This phenomenon is known as "cleaning symbiosis." After eating other fish, it is common ② of predators to have food remains stuck in their teeth. This can lead to diseases or a buildup of matter that can hinder eating. However, there are some little fish that exist ③ to clean the teeth of other fish. They swim into the mouths of predators and eat the food ④ trapped between their teeth. The predators avoid biting down while this process takes place. The actions of both fish go against their survival instincts, yet it is common to see predators patiently ⑤ wait to have their mouths cleaned.

*symbiosis: 공생

4 In 1957, two engineers, Al Fielding and Marc Chavannes, invented bubble wrap. They did not expect their invention ① is used as packaging material; it was originally designed to be wallpaper. They founded their own company, Sealed Air Corporation, in 1960, but ② it was not until a few years later that bubble wrap's useful protective qualities were discovered. When IBM created one of its first computers, the makers of bubble wrap realized that their product could be used ③ to protect the computers during shipment. After a demonstration, IBM started ④ purchasing bubble wrap to protect all of their products. Since that time, Sealed Air Corporation ⑤ has grown into a successful company with annual sales of around $4.8 billion.

*bubble wrap: 버블랩(완충 작용을 하도록 기포가 들어 있는 비닐 포장재)

05강 동명사

동명사는 문장에서 명사 역할(주어, 목적어, 보어)을 하며, '〜하기, 〜하는 것'이라고 해석한다. 동명사와 현재분사 둘 다 v-ing 형태이므로, 혼동하지 않도록 유의한다. (참고: p. 30)

POINT 1

동명사는 명사처럼 문장 속에서 주어, 목적어, 보어 역할을 한다. 동명사가 주어로 쓰인 경우 단수 취급하여 단수 동사를 쓴다.

- My job is **teaching** English at a high school.
  내 직업은 고등학교에서 영어를 가르치는 것이다.
- **Learning** foreign languages *requires* a lot of effort.
  외국어를 배우는 것은 많은 노력을 필요로 한다.

QUIZ 1. I like (watch / watching) horror movies.
       2. Reading many books (help / helps) build up knowledge.

POINT 2

문장의 주어와 동명사의 행위자가 일치하지 않을 경우 의미상 주어를 동명사 바로 앞에 소유격으로 나타낸다. 동명사의 부정형은 동명사 앞에 not[never]을 붙인다.

동명사의 의미상 주어는 소유격으로 나타내는 것이 원칙이지만, 구어체에서는 목적격을 쓸 수도 있다.

- I appreciate **your giving** me sincere advice.
  저에게 진심 어린 충고를 해주셔서 감사합니다.
- **Not doing** any exercise can be harmful to your health.
  운동을 전혀 하지 않는 것은 당신의 건강에 해로울 수 있다.

QUIZ 3. I'm sorry for (calling not / not calling) you on your birthday.
       4. I don't understand (he / his) being lazy these days.

POINT 3

목적어로 동명사가 와야 하는 동사들을 알아둔다.

enjoy, finish, quit, avoid, mind, deny, suggest, consider, give up, postpone, end up, admit 등

- Harry really *enjoys* **climbing** mountains with his friends.
  Harry는 그의 친구들과 함께 등산하는 것을 정말 좋아한다.
- I've just *finished* **doing** my homework.
  나는 방금 숙제하는 것을 끝냈다.

QUIZ 5. Jane avoided (to talk / talking) about herself.
       6. Would you mind (to close / closing) the door behind you?

POINT 4

목적어의 형태(부정사/동명사)에 따라 의미가 달라지는 동사들을 알아둔다.

「remember[forget] to-v」 '〜할 것을 기억하다[잊다]', 「remember[forget] v-ing」 '〜한 것을 기억하다[잊다]' / 「regret to-v」 '〜하게 되어 유감이다', 「regret v-ing」 '〜한 것을 후회하다' / 「try to-v」 '〜하려고 애쓰다', 「try v-ing」 '시험 삼아 〜해보다' / 「stop to-v」 '〜하기 위해 멈추다' (부사적 용법의 to부정사), 「stop v-ing」 '〜하는 것을 멈추다'

- I *remember* **meeting** them on the street.
  나는 길에서 그들을 만난 것을 기억한다.
- I *regret* **to inform** you that I'm quitting.
  제가 그만둔다는 것을 당신에게 알리게 되어 유감입니다.

QUIZ 7. We forgot (to buy / buying) tickets, and now they are sold out.
       8. You should stop (to throw / throwing) trash on the ground.

전치사의 목적어로 명사 상당 어구(명사(구)), 대명사, 동명사, 명사절 등)가 와야 하며, 특히, 전치사 to를 to부정사의 to와 혼동하지 않도록 유의한다.

「be[get] used[accustomed] to N/v-ing」 '〜하는 것에 익숙하다', 「look forward to N/v-ing」 '〜하기를 고대하다', 「object to v-ing」 '〜하는 것에 반대하다'

- I *got used to* **living** in a small town.
  나는 작은 마을에 사는 것에 익숙해졌다.
- I'*m looking forward to* **hearing** from you.
  나는 너에게서 소식을 듣기를 고대하고 있다.

QUIZ 9. Jason is used to (travel / traveling) alone.
10. Amy objected to (accept / accepting) the new rule.

POINT 6

동명사가 수동의 의미를 나타내는 경우 「being v od」의 형태로 쓴다.

- **Being treated** equally is very important.
  동등하게 대우받는 것은 매우 중요하다.
- She is upset about **being called** a liar.
  그녀는 거짓말쟁이라고 불린 것에 대해 기분이 상해 있다.

QUIZ 11. Most people hate (criticizing / being criticized) by others.
12. I'm quite pleased with (appointing / being appointed) as the new manager.

POINT 7

동명사의 관용 표현들을 알아둔다.

「on v-ing」 '〜하자마자', 「have trouble[difficulty] (in) v-ing」 '〜하는 데 어려움을 겪다', 「feel like v-ing」 '〜하고 싶다', 「spend+시간[돈]+(in) v-ing」 '〜하는 데 시간[돈]을 보내다[쓰다]', prevent[keep] +목적어+from v-ing: 〜가 …하는 것을 막다

- **On hearing** the news, he started to cry.
  그 소식을 듣자마자, 그는 울기 시작했다.
- She **has trouble expressing** her feelings.
  그녀는 감정을 표현하는 데 문제가 있다.

QUIZ 13. I feel like (to get away / getting away) from the office.
14. Don't spend a lot of time (to play / playing) games.

Check Up

다음 괄호 안에서 어법상 옳은 것을 고르시오. | 수능기출 & 모의평가 |

정답 및 해설 p. 9

1. Fashion is a great way of (express / expressing) our individuality.
2. The sea lions were friendly to those humans they knew and enjoyed (to be / being) with them.
3. (Walk / Walking) is one of the easiest ways to get a few minutes of exercise.
4. I remember (to hear / hearing) from a teacher that during World War II, Canton was a major US target of the Germans.
5. In this modern world, people are not used to (live / living) with discomfort.
6. The city should consider (to install / installing) traffic lights as soon as possible.
7. He spent hours (collect / collecting) data that he thought would help him improve.

[1-3] 다음 글의 밑줄 친 부분 중, 어법상 틀린 것을 고르시오.

1 Is your brain getting enough exercise? You may think you have difficulty ① to remember things because of dying brain cells, but the more likely reason is a simple lack of use. Studies have shown that our brains are in their prime between the ages of 40 and 60. As a mature adult, you may not remember all the information you learned in school, but you're in a better place to use ② what you have remembered. So why do some older people forget so many things? Like a muscle, the brain ③ must be kept in shape. Stuck in a daily routine, it can become ④ lazy and weak. Therefore, you must challenge it regularly to keep it ⑤ healthy. You can easily do this by stretching it with puzzles.

2 Cold and flu viruses can survive for longer periods of time when they land on hard surfaces like plastic than on softer surfaces like clothing. The amount of virus that ① settles on the surface and the environment's humidity and temperature play a significant role in how long these viruses can stay alive outside of a host. Direct contact and inhalation of virus-laden droplets of an infected person are the most common ways ② to be infected. It's also possible, though less likely, to catch the flu after touching an object that has an infected person's saliva on it. To protect yourself, ③ washing your hands with soap and water should be your first plan of action. You should also keep yourself from ④ touching your face. Even more importantly, don't forget ⑤ getting a flu vaccine every year.

3 Face blindness makes it difficult for people ① to recognize the faces of others they have met before. In extreme cases, a person with face blindness may not even recognize family members. Furthermore, sufferers can't ② easily imagine people's appearances in their minds. Focusing on non-facial clues, such as hairstyles and voices, ③ help them to recognize others. One problem often ④ experienced by these people is the inability to distinguish one actor from another in a movie, making it difficult to follow the plot. Face blindness often follows brain damage such as stroke. Some cases, however, seem ⑤ to be genetic.

*face blindness: 안면인식장애   **stroke: 뇌졸중

4 (A), (B), (C)의 각 네모 안에서 어법에 맞는 표현으로 가장 적절한 것은?

In spite of the arrival of e-books, paper books are unlikely to be in danger of (A) replacing / being replaced for good. Part of a long tradition, printed books have the advantage of familiarity. Readers are used to (B) page / paging through them, sharing and trading them with friends, browsing through them in stores, and giving them to one another as thoughtful gifts. Another attraction of printed books (C) is / are how collectible they are. Opening a computer file full of e-books simply cannot provide the visual satisfaction of surveying a shelf full of books you've read over the years.

	(A)		(B)		(C)
①	replacing	……	page	……	is
②	replacing	……	paging	……	are
③	being replaced	……	paging	……	are
④	being replaced	……	page	……	are
⑤	being replaced	……	paging	……	is

Word Study

1 **likely** 그럴듯한 **lack** 부족 **prime** 전성기 **mature** 성숙한 **keep A in shape** A를 건강하게 유지하다 **routine** 일상 **challenge** 도전하다; *자극하다 **regularly** 규칙[정기]적으로 **stretch** 늘이다; *(근육을) 당기다

2 **surface** 표면 **humidity** 습도 **play a (significant) role** (중요한) 역할을 하다 **host** (기생 생물의) 숙주 **inhalation** 흡입 **laden** ~이 가득한 **droplet** 작은 (물)방울 **infect** 감염시키다 **saliva** 침, 타액 **keep A from v-ing** A가 ~하는 것을 막다 **even** ~도[조차]; *(비교급을 강조하여) 훨씬

3 **recognize** 알아보다; 인식하다 **extreme** 극단적인 **sufferer** 피해자; *환자 **focus on** ~에 주력하다[초점을 맞추다] **facial** 얼굴의 **clue** 실마리, 단서 **inability** 무능 **distinguish** 구별하다 **follow** 따라가다; *이해하다; *(결과가) 뒤따르다 **plot** 줄거리 **genetic** 유전(상)의

4 **arrival** 도착, *등장, 출현 **be in danger of** ~할 위험이 있다 **replace** 대신하다, 대체하다 **for good** 영원히 **familiarity** 익숙함 **page through** 대충 페이지를 넘겨보다 **trade** 교환하다 **browse through** ~을 여기저기 훑어보다 **thoughtful** 생각에 잠긴; *사려 깊은 **attraction** 매력 **collectible** 모을 수 있는 **simply** 간단히; *(부정문에서) 절대로, 전혀 **visual** 시각의 **satisfaction** 만족 **survey** 조사하다; *살펴보다

05강 동명사 **29**

06강 분사

분사는 현재분사(v-ing)와 과거분사(v-ed)가 있으며, 형용사 역할을 한다. 또한, 분사는 주격 보어나 목적격 보어로 쓰여 주어나 목적어를 보충 설명하는데, 현재분사와 과거분사의 문맥상 의미 차이에 유의해야 한다. 현재분사와 동명사의 경우 둘 다 v-ing 형태라서 혼동하기 쉽지만, 현재분사는 형용사이고 동명사는 명사임에 유의한다. 분사가 이끄는 구가 주절을 수식하는 부사구로 쓰일 경우에 이를 분사 구문이라고 하며, 문맥에 따라 다양한 의미를 나타낸다.

POINT 1

현재분사(능동 · 진행)와 과거분사(수동 · 완료)는 형용사처럼 명사를 앞이나 뒤에서 수식한다.

- Look at the **sleeping** baby over there.
  저기 자고 있는 아기를 봐.
- What is the language **spoken** in Senegal?
  세네갈에서 사용되는 언어는 무엇입니까?

QUIZ 1. Who is the girl (talking / talked) to Mr. Smith?
2. I saw a (wounding / wounded) cat on the street.

POINT 2

분사는 주격 보어나 목적격 보어로 쓰인다. 이때, 주어 또는 목적어와 분사의 관계가 능동이면 현재분사를 쓰고, 수동이면 과거분사를 쓴다.

- When I saw him, he stood **holding** an umbrella.
  내가 그를 봤을 때, 그는 우산을 들고 서 있었다.
- I found the door **locked** from the inside.
  나는 문이 안쪽에서 잠겨있다는 것을 알았다.

QUIZ 3. She had her old computer (fixing / fixed).
4. My younger sister came into the bedroom (crying / cried).

POINT 3

분사 구문은 부사절을 대신해 분사가 이끄는 부사구로 나타낸 것으로 시간, 이유, 조건, 부대상황, 결과 등을 나타낸다.

- **Arriving**(= After I arrived) in Seoul, I went to see my mom.
  서울에 도착한 후에, 나는 엄마를 보러 갔다.
- I watched a movie, **eating**(= while I ate) popcorn the whole time.
  나는 내내 팝콘을 먹으면서, 영화를 보았다.

QUIZ 5. (Feeling / Felt) tired, I rested for a while.
6. (Turning / Turned) left, you'll see the building.

POINT 4

주절의 주어와 분사 구문의 주어가 다를 경우 분사 구문의 주어를 생략하지 않는다. 분사 구문의 의미를 분명히 나타내기 위해 접속사를 생략하지 않는 경우도 있다.

- **The power having gone out**, we had to find a candle.
  전기가 나가서, 우리는 초를 찾아야 했다.
- **After making sure** I had the right number, I called him again.
  전화번호가 맞는지 확인한 후, 나는 그에게 다시 전화를 걸었다.

QUIZ 7. It (is / being) cold outside, we decided to stay at home.
8. While (listening / listened) to the speech, I wrote down a few things.

POINT 5

수동형 분사 구문의 형태인 「being v-ed」와 「having been v-ed」(완료형)에서 Being이나 Having been은 보통 생략된다.

- (**Being**) **Left** alone, I felt lonely.
  혼자 남겨져서, 나는 외로웠다.
- (**Having been**) **Raised** in Japan, she speaks Japanese fluently.
  일본에서 자라서, 그녀는 일본어를 유창하게 한다.

QUIZ 9. (Sticking / Stuck) in traffic, I was late for the meeting.

10. (Exciting / Excited) about my trip, I couldn't sleep at all.

POINT 6

「with+목적어+분사」 구문은 '~가 …한[된] 채로', '~가 …해[되]면서'의 의미이다. 목적어와 분사의 관계가 능동이면 현재분사를 쓰고, 수동이면 과거분사를 쓴다.

- She takes a walk every evening **with her dog following** her.
  그녀는 자기 개를 데리고 매일 저녁 산책을 한다.
- I used to fall asleep **with the TV turned on**.
  나는 TV를 켜둔 채 잠이 들곤 했다.

QUIZ 11. Don't order me around with your arms (folding / folded).

12. He walked into the office with everyone (staring / stared) at him.

Check Up

다음 괄호 안에서 어법상 옳은 것을 고르시오. | 수능기출 & 모의평가 | 정답 및 해설 p. 10

1. Deforestation left the soil (exposing / exposed) to harsh weather.
2. Together, corn and beans form a (balancing / balanced) diet in the absence of meat.
3. You can talk to each other in real time, (looking / looked) at each other on a palm-sized phone.
4. The Nature Foundation is a world-wide organization (dedicating / dedicated) to the preservation of our natural environment.
5. Hobbes, his heart (touching / touched), immediately gave the man a generous offering.
6. When (asking / asked by) my grandmother, I replied, "Yes, I do feel a great change has taken place."
7. With 10 seconds (leaving / left), Jim balanced the ball in his left hand and took the shot.
8. (Believing / Believed) that your work should be perfect, you gradually become convinced that you cannot do it.

[1-2] (A), (B), (C)의 각 네모 안에서 어법에 맞는 표현으로 가장 적절한 것을 고르시오.

1 Drip marketing is a kind of advertising that calls for a consistent stream of marketing messages. These messages may include everything from emails and social media posts to phone calls and (A) printed / printing newsletters. Drip marketing often utilizes automated services, (B) allowing / allowed companies to send out messages as soon as a potential customer is identified. Companies can also schedule social media posts so that they are published on a regular basis. Companies find drip marketing helpful because it keeps them in the minds of consumers. Without this steady stream of advertising, companies who don't use drip marketing risk being forgotten by their customers. Meanwhile, with competitors (C) made/making good use of drip marketing, they may even lose potential customers.

	(A)		(B)		(C)
①	printed	......	allowing	......	made
②	printed	......	allowing	......	making
③	printed	......	allowed	......	making
④	printing	......	allowed	......	making
⑤	printing	......	allowing	......	made

2 Beavers are water mammals whose primary food is tree bark. They are excellent wood cutters, (A) using / used the trees they chew down not only for food but also for building dams. Beavers build their dams with logs, plants, and rocks held together with mud. When (B) finishing / finished, a dam creates a still, deep pond that makes a relatively safe habitat for a beaver family. Without this dam, a beaver's lodge could potentially be flooded by rising water during the rainy season, or have its entrance (C) exposed / expose as this water recedes during the dry season.

	(A)		(B)		(C)
①	using	......	finishing	......	exposed
②	using	......	finished	......	expose
③	using	......	finished	......	exposed
④	used	......	finishing	......	expose
⑤	used	......	finishing	......	exposed

3 Health experts warn that maternal obesity is putting an ① increasing number of mothers and their babies at risk. Studies have shown that maternal obesity can lead to complications during childbirth, severely ② elevating blood pressure in the mother, and diabetes in both the mother and her child. Health problems can also arise later in the child's life. Studies have suggested ③ that there is a dangerous cycle in which a mother being obese increases the likelihood that her children will also become obese. Maternal obesity has also been linked to children ④ having asthma, strokes, and heart attacks in adulthood. Researchers have suggested that overweight women ⑤ be given more information about these risks, as well as advice on how to lose weight, before they become pregnant.

4 ① Found in tropical forests from southern Mexico to Brazil, spider monkeys are a fascinating species. Their social structure consists of groups, each with about 30 members that ② are often divided into smaller groups of three or four. Spider monkeys are skillful climbers because they can use their arms, legs, and tail with remarkable agility. Their hands feature hook-shaped fingers but ③ no thumb, and their tails are strong enough to support their entire body. Babies are dependent on their mothers for the first two or three years of their lives, with the females ④ given birth every few years. Generally, female spider monkeys tend ⑤ to be a little larger and heavier than the males.

Word Study

1 **call for** ~을 필요로 하다 **consistent** 한결같은; *거듭되는, 변함없는 **stream** 시내; *연속, 이어짐 **post** 기둥; *게시글 **utilize** 활용하다, 이용하다 **automated** 자동화된 **potential** 잠재적인 **identify** 확인하다; *찾다, 발견하다 **schedule** 일정을 잡다 **on a regular basis** 정기적으로 **steady** 꾸준한

2 **mammal** 포유동물 **primary** 첫째의; *주요한 **bark** 나무껍질 **dam** 댐, 둑 **log** 통나무 **still** 조용한, 고요한 **make** 만들다; *~이 되다 **relatively** 상대적으로 **habitat** 서식지 **lodge** 오두막집; *(비버·수달의) 굴[집] **potentially** 잠재적으로; *어쩌면 **flood** 물에 잠기게 하다 **entrance** 입구 **recede** 물러나다

3 **maternal** 어머니의 **obesity** 비만, 비대 (ⓐ obese 비만인) **complication** 문제; *합병증 **childbirth** 출산, 분만 **severely** 심하게 **elevate** 높이다, 증가시키다 **diabetes** 당뇨병 **arise** 생기다, 발생하다 **cycle** 순환, 반복 **likelihood** 가능성 **be linked to** ~와 연관되다 **asthma** 천식 **heart attack** 심근 경색, 심장마비 **adulthood** 성인, 성년 **overweight** 과체중의, 비만의

4 **tropical** 열대의, 열대성의 **fascinating** 매력적인 **consist of** ~로 이루어지다 **skillful** 숙련된, 솜씨 좋은 **climber** 등반가; *잘 기어오르는 동물 **remarkable** 놀랄 만한, 뛰어난 **agility** 민첩성, 기민함 **feature** 특색으로 삼다 **hook** (갈)고리 **support** 지탱하다, 지지하다 **entire** 전체의 **be dependent on[upon]** ~에 의존하다 **female** 여성(의), 암컷(의) (↔ male) **give birth** 출산하다

*Energy and persistence
conquer all things.
- Benjamin Franklin -*

CHAPTER 03

품사와 수식어의
이해

07강 대명사 · 형용사 · 부사

대명사는 앞에 언급된 명사를 대신해서 쓰는 말이며 명사처럼 주어, 목적어, 보어의 역할을 한다. 형용사는 명사를 수식하거나 보어의 역할을 하며, 부사는 형용사, 동사, 부사, 또는 문장 전체를 수식하는 역할을 한다. 형용사와 부사의 쓰임을 구분하는 것에 유의한다.

POINT 1

대명사는 앞에 언급된 명사와 수가 일치해야 하고, 문맥에 따라 주격, 목적격, 소유격으로 변형하여 쓴다.

주어와 목적어가 가리키는 대상이 같을 때, 목적어로 재귀대명사를 쓴다. 또한, 재귀대명사가 주어나 목적어를 강조하기 위해 쓰인 경우 '~ 자신이 직접'의 의미를 나타낸다.

• I bought these cups yesterday. I like **them**.
  나는 어제 이 컵들을 샀어. 나는 그것들이 마음에 들어.
• She considers **herself** a popular singer.
  그녀는 그녀 자신을 인기 가수라고 생각한다.

QUIZ 1. The company downsized (its / it's) workforce.
      2. We improve (us / ourselves) by learning from the past.

POINT 2

one은 불특정한 단수 명사를 받고, it은 앞서 언급된 동일한 단수 명사를 받는다. 일반적인 다른 것들을 가리킬 때는 others를, 나머지 (전부)를 가리킬 때는 the other(s)를 쓰며, 불특정한 다수 중에서 '다른 하나'를 가리킬 때는 another를 쓴다.

• He lost his wallet yesterday, but he has found **it**.
  그는 어제 지갑을 잃어버렸지만, 그것을 찾았다.
• We should learn ways to love **others**.
  우리는 타인을 사랑하는 법을 배워야 한다.

QUIZ 3. I moved the files from one folder to (other / another).
      4. She had some good books, so I borrowed (it / one) from her.

POINT 3

형용사는 명사를 수식하거나 보어의 역할을 하고, 부사는 형용사나 다른 부사, 동사, 문장 전체를 수식한다.

특히, 형용사가 보어로 쓰이는 경우 부사처럼 '~하게'라고 해석된다고 하더라도 보어 자리에 부사가 올 수 없음에 유의한다.

• She remained **calm** during the emergency.
  그녀는 긴급 상황에서 침착함을 유지했다.
• Please read the instructions **carefully**.
  설명서를 주의 깊게 읽어주시기 바랍니다.

QUIZ 5. She likes men who have a (quiet / quietly) personality.
      6. The machine I bought yesterday works (good / well).

POINT 4

수량 형용사인 many와 (a) few는 셀 수 있는 명사와, much와 (a) little은 셀 수 없는 명사와 함께 쓰인다. a few나 a little은 '조금 있는', few와 little은 '거의 없는'이라는 의미이다.

• It will take **a few** days to finish the project.
  그 프로젝트를 끝내는 데 며칠이 걸릴 것이다.
• I have **little** money to spend.
  나는 쓸 돈이 거의 없다.

QUIZ 7. He has (many / much) worries these days.
      8. (Few / Little) people came to the party on time.

비슷한 형태의 형용사와 부사의 의미를 구분해서
알아둔다.

most(대부분의)-mostly(대개)-almost(거의)/
high(높은)-highly(매우)/near(가까운)-nearly
(거의)/late(늦은)-lately(최근에)/hard(어려운)-
hardly(거의 ~ 않다)/rare(드문)-rarely(거의 ~
않다)/scarce(드문, 희귀한)-scarcely(거의 ~ 않다)
등

• Some birds that used to be common in Korea are becoming **rare**.
  한국에서 흔했던 몇몇 새들이 희귀해지고 있다.

• She was so delighted that she was **nearly** crying.
  그녀는 매우 기뻐서 거의 울 뻔했다.

QUIZ 9. He can (hard / hardly) move his broken leg.
     10. I know Tim has been really busy (late / lately).

-thing, -body, -one으로 끝나는 대명사는
형용사가 뒤에서 수식한다.

• Is there **anything missing** from our shopping list?
  우리 쇼핑 목록에서 빠진 게 있니?

• We need **somebody creative** to resolve this.
  우리는 이것을 해결하기 위해 창의적인 사람이 필요하다.

QUIZ 11. There is (new nothing / nothing new) in the program.
     12. I'm looking for (reliable someone / someone reliable) to
         babysit my kid.

유사한 의미를 가졌지만, 문법적 쓰임이 다른
것들에 유의한다.

some(주로 긍정문)-any(주로 의문문과 부정문)/
already(주로 긍정문)-yet(주로 의문문과 부정문)/
too(긍정문)-either(부정문)

• Are there **any** laptops I can use right now?
  제가 지금 바로 사용할 수 있는 노트북이 있나요?

• The election results have not been officially announced **yet**.
  선거 결과가 아직 공식적으로 발표되지 않았다.

QUIZ 13. You'd better get (some / any) sleep.
     14. The dish isn't good, and it isn't cheap, (too / either).

Check Up

다음 괄호 안에서 어법상 옳은 것을 고르시오. | 수능기출 & 모의평가 | 정답 및 해설 p. 12

1. The stars shine more (brilliant / brilliantly) in the night sky.
2. They did everything possible to avoid favoring one child over (other / the others).
3. Things often seem at (its / their) worst just before they get better.
4. Kate had (something important / important something) to do on that particular Sunday.
5. Out of many books, it took me a long time to find (one / the other) that was for me.
6. As a townie, she'd had (few / little) experience in the countryside.

READ & APPLY

정답 및 해설 p. 12

[1-2] (A), (B), (C)의 각 네모 안에서 어법에 맞는 표현으로 가장 적절한 것을 고르시오.

1 When the sun goes down in Guinea, the bright lights at Gbessia International Airport come on, and something surprising happens— the parking lot fills up with diligent students who begin studying. The children don't allow (A) them / themselves to be distracted by the noisy jets or the newly arrived passengers leaving the airport. Guinea is one of the world's poorest countries, and it (B) estimates / is estimated that the typical Guinean consumes only 89 kilowatt-hours of electricity each year; the average American uses about 158 times that amount every year. This is partly because only about one fifth of the people in Guinea have access to electricity, and even they often experience power cuts. With few families able to use electricity, the airport has become the most reliable place for students to study (C) late / lately at night.

	(A)		(B)		(C)
①	them	……	is estimated	……	late
②	them	……	estimates	……	lately
③	themselves	……	is estimated	……	lately
④	themselves	……	estimates	……	late
⑤	themselves	……	is estimated	……	late

2 Hummingbirds are very small birds which have an extremely high metabolic rate. They burn a huge amount of energy flying, so they must feed (A) most / almost constantly to replace it. Hummingbirds eat up to 50 percent of their body weight each day, feeding mainly on nectar. Most hummingbirds have (B) so / such a long bill that they can drink nectar from deep within flowers, flying all the while. However, they do not spend all day flying and feeding; rather, they spend the majority of their time sitting. They spend around 15 percent of their time flying and around 85 percent sitting and digesting. Hummingbirds have very poorly developed feet, so they can (C) hard / hardly walk.

	(A)		(B)		(C)
①	most	……	so	……	hard
②	most	……	so	……	hardly
③	almost	……	so	……	hardly
④	almost	……	such	……	hard
⑤	almost	……	such	……	hardly

[3-4] 다음 글의 밑줄 친 부분 중, 어법상 틀린 것을 고르시오.

3 Woodpeckers spend their days banging their heads against trees. So why don't they get headaches? Research has shown that the impact of a woodpecker's brain against its skull ① is spread over a relatively large surface area. This makes the vulnerability of a woodpecker's brain to injury very slight compared to ② those of a human brain. Furthermore, a woodpecker's brain fits tightly inside its skull. This allows for hardly any movement, so there is ③ little risk of injury. A woodpecker's brain is also protected by the concentration of each impact being on the areas of the skull that ④ are the thickest. Additionally, much of the force that the woodpecker experiences is absorbed by ⑤ its thick neck muscles rather than its brain.

4 If you want to improve your memory, you should start exercising ① roughly four hours after studying. In one experiment, 72 people tried to remember 90 objects' locations on a computer screen. Then, ② some of the participants watched relaxing videos. The others rode bikes, either just after studying or four hours later. The participants ③ were tested again after two days. The people with the best recollection were those who ④ had waited four hours and then exercised. More research will be needed to find out why we should wait four hours. However, scientists think two specific chemicals are created in the brain during exercise, both of which reinforce our memory. One is a protein called BDNF and ⑤ other is dopamine.

Word Study

1 **diligent** 근면한, 성실한 **distract** (정신을) 산만하게 하다 **passenger** 승객 **typical** 전형적인; *보통의 **consume** 소비하다 **electricity** 전기, 전력 **average** 평균의; *일반적인, 보통의 **have access to** ~에(게) 접근할 수 있다 **power cut** 정전 **reliable** 믿을 수 있는

2 **hummingbird** 벌새 **extremely** 매우, 몹시 **metabolic rate** 신진대사율 **burn** 타오르다; *연소시키다 **feed** 먹이를 주다; *(동물 등이) 먹이를 먹다 **constantly** 끊임없이, 항상 **nectar** (꽃의) 꿀 **bill** 계산서; *부리 **all the while** 그동안 내내 **rather** 오히려 **majority** 대부분 **digest** 소화하다 **poorly** 서툴게, 불완전하게

3 **woodpecker** 딱따구리 **bang** 쾅 부딪히다 **impact** 충격 **skull** 두개골 **spread** 퍼뜨리다, 확산시키다 **surface** 표면 **vulnerability** 취약성 **injury** 상해, 손상 **slight** 경미한 **fit** ~에 맞다 **tightly** 꽉 **risk** 위험 **protect** 보호하다 **concentration** 정신 집중; *집결, 집중 **absorb** 흡수하다

4 **improve** 개선하다, 향상하다 **roughly** 대략, 거의 **object** 물건, 물체 **relaxing** 마음을 느긋하게 해주는, 편한 **recollection** 기억(력) **reinforce** 강화하다

08강 관계사

관계사는 대개 앞에 나온 선행사를 수식하는 형용사절을 이끈다. 관계사절이 수식하는 선행사가 무엇인지, 관계사가 관계사절에서 어떤 역할(주어, 목적어, 부사 등)을 하는지를 파악하는 것이 중요하다. 선행사는 관계사와 멀리 떨어져 있을 수도 있고, 한 단어 또는 구[절]일 수도 있으며, 생략될 수도 있다.

POINT 1

관계사가 관계사절에서 주어 역할을 하면 주격 관계대명사(who, which, that), 목적어 역할을 하면 목적격 관계대명사(who(m), which, that)를 쓰고, 소유격은 whose를 쓴다. 목적격 관계대명사는 생략할 수 있다.

선행사가 사람일 경우 관계대명사 who(m)를, 선행사가 사물일 경우 관계대명사 which를 쓴다.

- The girl **who** is playing the piano is my sister.
  피아노를 치고 있는 그 소녀는 내 여동생이다.
- This is the car (**which/that**) I want to buy.
  이것은 내가 사고 싶은 자동차이다.

QUIZ 1. He is a famous artist (who / whose) work is displayed in galleries around the world.
2. Don't forget to take the report (who / which) is on the table.

POINT 2

관계대명사가 전치사의 목적어일 때, 전치사가 관계대명사 앞으로 올 수 있다. 전치사를 관계사절의 동사 뒤로 보내고 여기에 선행사를 연결해 보면, 올바른 전치사가 쓰였는지 확인할 수 있다.

관계대명사 that은 「전치사+관계대명사」 형태로 쓸 수 없다.

- Brian is the friend **with whom** I traveled.
  Brian은 내가 함께 여행했던 친구이다.
- People need space **in which** they can relax and unwind.
  사람들은 편히 쉬고 긴장을 풀 공간이 필요하다.

QUIZ 3. The man (whom / to whom) I was talking is my teacher.
4. This is the chair (which / on which) my grandfather used to sit.

POINT 3

관계대명사 what이 이끄는 절은 문장에서 주어, 목적어, 보어 역할을 한다. what은 선행사를 포함하고 있으므로, 선행사가 필요 없다.

관계대명사 what은 the thing(s) which[that]로 바꿔 쓸 수 있다.

- **What** I want to do is to surf the Internet.
  내가 하고 싶은 것은 인터넷 서핑이다.
- I'll see **what** I can do for you.
  너를 위해 내가 할 수 있는 일을 알아보겠다.

QUIZ 5. Here is (that / what) you are looking for.
6. (That / What) she said was a secret.

POINT 4

선행사가 때를 나타내면 when, 장소면 where, 이유면 why, 방법이면 how를 쓴다. 관계부사 또는 관계부사의 선행사는 종종 생략된다.

that은 관계부사를 대신할 수 있으며 대개 생략된다. how는 선행사인 the way와 함께 쓸 수 없으므로, 반드시 둘 중 하나만 써야 한다.

- It was a rainy day **when** my boyfriend left for Busan.
  내 남자친구가 부산으로 떠난 날에 비가 왔다.
- There is no reason (**why**) I should do it by myself.
  나 혼자서 그것을 해야 할 이유가 없다.

QUIZ 7. This is not (how / the way how) he fixed it.
8. This is the place (what / where) we stayed.

POINT 5

관계대명사 who(m), whose, which와 관계부사 when, where는 계속적 용법으로 쓸 수 있다. 특히, which는 구나 절 전체를 선행사로 취할 수 있다.

관계대명사 that과 what은 계속적 용법으로 쓸 수 없다.

• I didn't say anything, **which** made my mom angry.
나는 아무 말도 하지 않았는데, 그것은 엄마를 화나게 했다.
• I went to Paris in 2008, **when** I was 14.
나는 2008년에 파리에 갔는데, 그때 나는 14살이었다.

QUIZ 9. He said he was too sick, (that / which) was a lie.
10. They visited the zoo, (where / there) they met Sam.

POINT 6

관계사가 이끄는 절이 모든 문장 성분을 갖춘 완전한 절이면 관계부사를 쓰고, 그렇지 않으면 관계대명사를 써야 한다.

관계대명사가 주어나 목적어 역할을 하기 때문에, 관계대명사절에는 보통 주어나 목적어가 없다.

• The office **where** I work is far from here.
내가 일하는 사무실은 여기서 멀다.
• This is the most delicious cake **that** I've ever eaten.
이것은 내가 먹어본 케이크 중에 가장 맛있다.

QUIZ 11. The reason (why / which) they didn't come is obvious.
12. I was watching the news (that / when) airs nightly at 9:00 p.m.

Check Up

다음 괄호 안에서 어법상 옳은 것을 고르시오. | 수능기출 & 모의평가 | 　　　　　　정답 및 해설 p. 13

1. Habitat diversity refers to the variety of places (which / where) life exists.
2. Psychologists performed an experiment (which / in which) they put a number of people in a room.
3. There are many reasons (why / which) people like to go to the mountains.
4. The home-team room was painted a bright red, (that / which) kept team members excited or even angered.
5. He was the son of a gardener (who / whose) taught him much about art and nature.
6. Wood is a material (that / what) is widely acknowledged to be environmentally friendly.
7. He just produced (what / which) was in him and brought us a rich treasure of music.
8. The mechanic was replaced by a man in a uniform (who / which) doesn't know anything about cars.

READ & APPLY

정답 및 해설 p. 14

[1-3] 다음 글의 밑줄 친 부분 중, 어법상 틀린 것을 고르시오.

1 Literary Realism was a movement ① that started in France in the 19th century and became popular across Europe, Russia, and the United States. Its main goal was to describe real life as accurately as possible. ② What the most successful Realist writers did was show that ordinary people's lives can be dramatic and meaningful. Realism was in many ways a reaction against Romanticism, ③ that emphasized the natural world over culture and the individual over society. Realism attempted to show society in its entirety, and Realist authors, ④ unlike the Romantics, often focused on large groups of people. Because of this, Realism tends to be associated with novels, ⑤ which are long enough to accommodate its grand scope.

2 Credit card companies have been giving their customers a new type of card which contains a small computer chip. These chips are replacing the magnetic stripes on the backs of most cards, ① which have been in use since the 1970s. These chips are proven to increase data security and ② reduce credit card fraud. Criminals are able to easily copy the magnetic stripe ③ in which all of the user's account information is stored and use this stolen data to make fake credit cards. The computer chip in modern cards, unlike the magnetic stripe, ④ create a unique transaction code that is never reused. Even if a thief manages to steal the information about a transaction ⑤ made with a chip card, that information is practically useless because it can never be used again to make a purchase.

3 While many people assume that increases in immigration lead to increases in crime, a recent study has shown otherwise. In the study, researchers randomly selected 200 metropolitan areas, ① which included both cities and their surrounding suburbs. Then, they looked at crime data for those locations from 1970 to 2010. ② What they found was surprising. On average, crime actually decreased in the areas ③ that saw an increase in immigration. The only type of crime ④ on that immigration did not have a noticeable effect was aggravated assault. Some scholars have tried to explain ⑤ why immigration tends to reduce crime. One theory suggests that the decrease in criminal activity is tied to the economic growth that is brought by immigration.

4 (A), (B), (C)의 각 네모 안에서 어법에 맞는 표현으로 가장 적절한 것은?

The terms "jungle" and "rainforest" are often used interchangeably, but they actually refer to places (A) whom / whose vegetation patterns are very different. "Jungle" is derived from the Sanskrit word *jangala*, (B) what / which means "uncultivated land." In a jungle, ground-level vegetation is dense and difficult for humans to get through. Rainforests, which, as the name implies, are found in areas (C) that / in which receive high amounts of rainfall, have several layers of vegetation. There are so many leaves in the upper layers that very little direct sunlight reaches the ground. Because of this, plant life at the ground level is quite sparse and relatively easy for humans to pass through.

*vegetation: 【식물】식생(植生)(어떤 일정한 장소에서 모여 사는 특유한 식물 집단)

	(A)		(B)		(C)
①	whom	……	what	……	that
②	whom	……	which	……	in which
③	whose	……	which	……	in which
④	whose	……	which	……	that
⑤	whose	……	what	……	in which

1 literary 문학의 Realism 사실주의, 리얼리즘 movement 움직임; (사람들이 조직적으로 벌이는) 운동 accurately 정확하게 ordinary 보통의, 일상적인 dramatic 극적인 reaction 반응; *반발 Romanticism 낭만주의 emphasize 강조하다 individual 개인 attempt 시도하다 entirety 전체, 전부 be associated with ~와 관련되다 accommodate 수용하다 grand 웅장한 scope 범위

2 magnetic 자성[자기]의, 자성에 의한 stripe 줄무늬 security 보안, 안보 fraud 사기 criminal 범인, 범죄자 account 계좌; *계정 store 저장하다 fake 가짜의 transaction 거래 manage to 간신히 ~하다 practically 사실상 make a purchase 구매를 하다

3 assume 추정하다 immigration 이주, 이민 otherwise 그렇지 않으면; *(~와는) 다르게, 달리 randomly 무작위로 select 선발하다, 선정하다 metropolitan 대도시[수도]의 surrounding 인근의, 주위의 suburb 교외 noticeable 뚜렷한, 분명한 aggravated (범행이) 가중처벌이 가능한 assault 폭행(죄) scholar 학자

4 term 용어, 말 rainforest 열대우림 interchangeably 교체[교환]할 수 있게 refer to ~을 나타내다 be derived from ~에서 나오다[파생되다] uncultivated (땅이) 경작되지 않는 dense 빽빽한, 밀집한 get through 통과하다 imply 암시하다, 시사하다 rainfall 강수(량) layer 막, 층 sparse 드문, 희박한 pass through ~을 빠져나가다

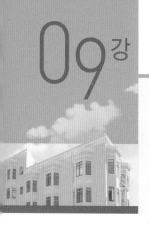

09강 접속사 · 전치사

접속사는 〈주어, 목적어, 보어〉 역할을 하는 명사절을 이끌거나, 〈시간, 이유, 양보, 조건〉 등을 나타내는 부사절을 이끈다. 전치사는 명사, 대명사, 또는 동명사 앞에 오며, 〈장소, 시간, 이유〉 등을 나타낸다. 전치사 뒤에 대명사가 올 경우에는 목적격을 쓰는 것에 유의한다.

POINT 1

접속사 that, if, whether는 모두 명사절을 이끈다. that은 사실을 나타낼 때 쓰고, if와 whether는 '~인지 아닌지'라는 의미로 사실 여부가 의문시될 때 쓴다.

that과 whether가 이끄는 절은 주어 · 목적어 · 보어로 쓰이지만, if가 이끄는 절은 목적어로만 쓰인다.

- Tom found **that** he had left his cell phone at school.
  Tom은 그의 휴대전화를 학교에 두고 왔다는 것을 알았다.
- I'm not sure **whether** she will finish the project.
  나는 그녀가 그 프로젝트를 끝낼지 확신할 수 없다.

QUIZ 1. I wonder (if / that) I can check out a book.
2. (If / Whether) we can go hiking depends on the weather.

POINT 2

접속사 whether는 '~이든 아니든'이라는 의미의 부사절을 이끌며, 접속사 if는 '만약 ~이면', '비록 ~일지라도'라는 의미의 부사절을 이끈다.

부사절 if절이 조건의 의미를 나타낼 경우 미래의 일이라도 현재 시제로 나타낸다.

- She will go there **whether** he wants to or not.
  그녀는 그가 원하든 원하지 않든 거기에 갈 것이다.
- **If** you like the coat, why don't you buy it?
  그 코트가 마음에 들면, 그것을 사는 게 어떠니?

QUIZ 3. (If / Whether) I have nothing to do, I usually draw pictures.
4. I'll start the work in an hour, (if / whether) you come or not.

POINT 3

의미상 주의해야 할 접속사와 명사나 전치사구처럼 보이는 접속사에 유의한다.

as(~대로, ~하고 있을 때, ~이므로, ~함에 따라), since(~ 이후로, ~이므로), unless(~이 아닌 한), while(~하는 동안, ~인 반면), by the time(~할 때쯤에), the moment[as soon as](~하자마자), now that(~이므로), in case(~일 때를 대비하여)

- You have to do **as** I say.
  너는 내가 말한 대로 해야 한다.
- Give me a hand **unless** you're busy.
  바쁘지 않으면 나 좀 도와줘.

QUIZ 5. (By the time / Now that) you get this letter, I'll be in Berlin.
6. (Since / As soon as) I hear from him, I'll let you know.

POINT 4

짝으로 이루어진 상관접속사의 형태와 의미를 구분해서 알아둔다.

「both A and B」 'A와 B 둘 다'
「either A or B」 'A이거나 B'
「neither A nor B」 'A도 B도 아닌'
「not A but B」 'A가 아니라 B'
「not only A but (also) B」 'A뿐만 아니라 B도'
(= B as well as A)

- The answer is **either** right **or** wrong.
  그 답은 맞을 수도 있고 틀릴 수도 있다.
- She's **not** a singer **but** an actress.
  그녀는 가수가 아니라 배우이다.

QUIZ 7. Neither he (or / nor) I plan to attend the meeting.
8. These sneakers are not only pretty (and / but) comfortable.

접속사 뒤에는 주어와 동사를 갖춘 완전한 절이 오고, 전치사 뒤에는 단어나 구가 온다.

뜻	접속사	전치사
'~ 때문에'	because since as	because of due to owing to
'~ 동안에'	while	during
'~에도 불구하고'	although	despite in spite of

- **Although** the service was poor, the food was very tasty.
  서비스는 형편없었지만, 음식은 매우 맛있었다.
- You should be quiet **during** class.
  너는 수업 시간 동안 조용히 해야 한다.

QUIZ 9. What do you plan to do (while / during) we are out?
10. (Because / Because of) she had a cold, she stayed home all day.

Check Up

다음 괄호 안에서 어법상 옳은 것을 고르시오. | 수능기출 & 모의평가 |

정답 및 해설 p. 15

1. Either my wife (or / nor) I will call you back as soon as we can.
2. Many people believe that they will be free of their anger (if / whether) they express it.
3. (During / As) the students' attitudes became more optimistic, their confidence with math grew too.
4. The driver argued (that / whether) the pedestrian was to blame for the accident.
5. Flash photography isn't permitted here (unless / if) permission is granted by them.
6. Moreover, genes would undoubtedly have changed (during / while) the human revolution 200,000 years ago.
7. Your poems show considerable promise, (although / despite) your youth and lack of experience in this genre.

[1-3] 다음 글의 밑줄 친 부분 중, 어법상 틀린 것을 고르시오.

1 Bicycles are used for around one fifth of all journeys made in Denmark, ① where cycling is heavily promoted. In addition to riding bicycles for recreational purposes, the Danish often use them for commuting to work or school. The main benefit of cycling is ② that it is environmentally friendly and contributes to reducing harmful emissions. Some people ask ③ that it is healthy to cycle in an urban environment with heavy air pollution. Research reveals that cyclists in cities do not suffer more from air pollution than drivers ④ do. So ⑤ although clean air is preferable to polluted air, being in an urban environment is not a reason to avoid cycling.

2 Herbert Hoover had only been president of the United States for 8 months when the Great Depression began. ① Because the Great Depression, Americans generally consider his presidency a failure. However, Hoover is remembered quite differently in Europe, particularly in Belgium. ② While World War I was going on in Europe, Hoover was serving as the Director of the US Food Administration. At that time, there was a dangerous shortage of food in Belgium ③ due to naval blockades. Hoover fought hard to ensure ④ that food shipments were allowed through the blockades. ⑤ As the war continued, this became more and more difficult and expensive. However, thanks to this continued effort, mass starvation was prevented and Herbert Hoover is remembered as a great humanitarian in Belgium.

3 Most people consider clothes moth caterpillars, ① which get into closets and eat away at clothes, to be pests. However, because these caterpillars also eat human hair, scientists have found ② whether they can help the police identify dead bodies of murder victims. This is helpful ③ if the body is moved by the murderer. After eating hair from the body, the caterpillars crawl away ④ to make their cocoons somewhere nearby. When the grown moths fly away, they leave their cocoons there. The police can then test the DNA of the human hair contained in the cocoons, ⑤ matching it with that of the victim.

*clothes moth: 옷좀나방

4 (A), (B), (C)의 각 네모 안에서 어법에 맞는 표현으로 가장 적절한 것은?

Nowadays, we use computers for many tasks. From keeping business records to (A) store / storing family memories, the amount of data we keep is growing at an incredible rate. This clearly indicates (B) that / which there is a greater need than ever before to protect our data from being lost. However, according to a survey in which one third of computer users said their data was "priceless," only half of these respondents had ever made any backup copies. Backing up data should be part of any computer user's regular habits. Doing so may be the only way to access valuable data (C) whether / if your computer stops working.

	(A)		(B)		(C)
①	store	......	which	......	whether
②	store	......	that	......	if
③	storing	......	which	......	whether
④	storing	......	that	......	whether
⑤	storing	......	that	......	if

1 **journey** (장거리) 여행[이동] **cycling** 자전거 타기 (ⓥ cycle 자전거를 타다, ⓝ cyclist 자전거 타는 사람) **heavily** 몹시, 많이 **promote** 장려하다 **recreational** 휴양[오락]의 **Danish** 덴마크(인)의 **commute** 통근[통학]하다 **environmentally friendly** 환경친화적인 **contribute to** ~에 기여[공헌]하다 **emission** 배출; *배출물, 배기가스 **urban** 도시의 **air pollution** 대기 오염 **preferable** 더 좋은, 나은

2 **generally** 대개, 보통 **presidency** 대통령 직[임기] **serve as** ~의 역할을 하다 **shortage** 부족 **naval** 해군의 **blockade** (특히 항구의) 봉쇄 **shipment** 수송 **mass** 대량의, 대규모의 **starvation** 기아, 굶주림 **humanitarian** 인도주의자

3 **caterpillar** 애벌레 **eat away at** ~을 조금씩 갉아먹다 **pest** 해충 **identify** (신원 등을) 확인하다 **body** 몸; *시체 **victim** 피해자, 희생자 **murderer** 살인자 **crawl** (엎드려) 기다; *(곤충이) 기어가다 **cocoon** (곤충의) 고치 **nearby** 근처에 **match** 맞추다

4 **task** 직무, 일 **business record** 사업 실적 **memory** 기억; *추억 **incredible** 놀라운, 굉장한 **rate** 비율; *속도 **clearly** 명확히, 확실히 **indicate** 나타내다, 보여주다 **priceless** 아주 귀중한 (= valuable) **respondent** 응답자 **backup** 【컴퓨터】 백업 (ⓥ back up 백업하다) **regular** 정기[규칙]적인 **access** 접근하다

If you fulfill your obligations every day,
you don't need to worry about the future.
- Jordan Peterson -

CHAPTER 04

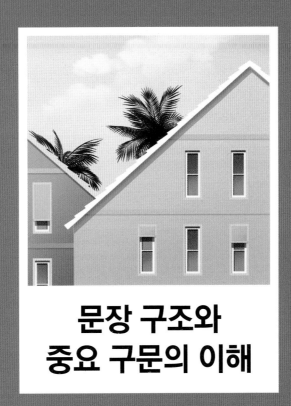

문장 구조와
중요 구문의 이해

10강 병렬구조

등위접속사, 상관접속사, 비교 구문 등으로 두 개 이상의 단어, 구, 절이 연결될 때, 이것들은 문법적인 형태(품사)나 기능(문장 성분)이 동일해야 한다. 다시 말해, 명사는 명사끼리, 동사는 동사끼리, 주어는 주어끼리, 목적어는 목적어끼리, 보어는 보어끼리 동일한 형태로 연결되어야 한다. 이를 '병렬구조'를 이룬다라고 한다.

POINT 1

and, but, or 등의 등위접속사에 의해 연결되는 어구들은 문법적인 형태나 기능이 동일해야 한다.

- Paul *washes* **and** *irons* his shirts himself.
  Paul은 직접 그의 셔츠를 세탁하고 다림질한다.
- Which do you like better, *Saturdays* **or** *Sundays*?
  토요일과 일요일 중 어떤 날이 더 좋니?

QUIZ 1. You or (I / me) have to go there to pick up Andrew.
2. Our teacher looked very excited and (happy / happily).

POINT 2

상관접속사에 의해 연결되는 어구들은 문법적인 형태나 기능이 동일해야 한다.

「both A and B」 'A와 B 둘 다'
「either A or B」 'A이거나 B'
「neither A nor B」 'A도 B도 아닌'
「not A but B」 'A가 아니라 B'
「not only A but (also) B」 'A뿐만 아니라 B도'
(= B as well as A)

- He **not only** *cleaned* the house **but also** *mowed* the lawn.
  그는 집을 청소했을 뿐만 아니라, 잔디도 깎았다.
- **Neither** *my sister* **nor** *I* know how to swim.
  내 여동생과 나는 둘 다 수영할 줄 모른다.

QUIZ 3. Criminals should be reformed as well as (punish / punished).
4. My hobby is not watching soccer games but (to play / playing) soccer myself.

POINT 3

비교 구문에서 비교되는 대상은 문법적인 형태나 기능이 동일해야 한다.

- *This product* is **more expensive than** *other models*.
  이 제품은 다른 모델보다 더 비싸다.
- *Your cake* looks **more delicious than** *mine*.
  네 케이크가 내 것보다 더 맛있어 보인다.

QUIZ 5. Getting enough rest is as important as (work / working) hard.
6. I find it easier to cook than (to wash / washing) dishes.

병렬구조에서 부정사는 부정사끼리, 동명사는 동명사끼리, 분사는 분사끼리 연결되어야 한다.

to부정사의 경우 and, but, or 등의 등위접속사 다음에 보통 to가 생략되는 것에 유의한다.

- Do you enjoy *reading* books **and** *writing* essays?
  너는 책 읽는 것과 에세이를 쓰는 것을 좋아하니?
- It's forbidden *to make* noise **or** (*to*) *take* pictures in this temple.
  이 사원 안에서 떠들거나 사진을 찍는 것은 금지되어 있다.

QUIZ ▶ 7. I feel like climbing a mountain or (to go / going) skiing this weekend.
8. We decided to go to a cinema and (watch / watching) a horror movie.

Check Up

다음 괄호 안에서 어법상 옳은 것을 고르시오. | 수능기출 & 모의평가 |

정답 및 해설 p. 17

1. I made my bed, straightened the room, and (dust / dusted) the floor.
2. I could see crops ripening in the fields and trees (turn / turning) red and yellow.
3. The Egyptians played ball more for instruction than (by fun / for fun).
4. He must get out of the car, pump the gas, and (walk / to walk) over to the booth to pay.
5. As a result, organized knowledge could easily get corrupted or (lost / lose) in a sea of junk data.
6. They were in the factories, making war materials or (help / helping) with civil defense.
7. The DNA extracted from these bits of whale skin not only identifies the individuals in the group, but also (reveals / revealing) their relationships to each other.
8. Intense programs of strength training can help weak older people double their strength, as well as (enable / to enable) them to walk faster.
9. Students should try to guess the meaning of new words while they read rather than (look / looking) them up in the dictionary.

[1-3] 다음 글의 밑줄 친 부분 중, 어법상 틀린 것을 고르시오.

1 An "ice cream headache" is the painful feeling you sometimes get after drinking a cold beverage or ①eating ice cream quickly. Do you know what causes this kind of headache? The temperature of cold food or drinks makes the blood vessels ②located in the roof of your mouth constrict. In response, your brain sends a message ordering the blood vessels ③to relax. This sudden relaxation causes the fluid in the vessels ④to be released into nearby tissue. The result is a short, sharp pain in your head that can last for up to a few minutes. It may be strong enough to make you need to lie down or ⑤is so mild that you barely notice it at all.

2 Libraries are no longer dusty rooms filled with books, ①but exciting multimedia venues. The New York Public Library, for example, occasionally hosts special children's events. Other libraries around the world ②are transforming their style from traditional to modern. Some now offer outdoor spaces to allow people to relax and perhaps even ③feel artistically inspired. In our digital age, the role of libraries ④has actually become more important, providing a reliable authority to check unreliable online information. To distinguish themselves from Internet portals and blogs, libraries often collect large amounts of information and ⑤checking the accuracy of their facts before publishing reports. Such changes have revived the popularity of libraries, even with the younger Internet generation.

3 Everyone knows skin wounds should be covered with a bandage. What they usually don't know is how to prevent infections and ①monitor the injury. That won't be a problem much longer though because with a smart bandage, they won't need such knowledge. ②Designed with integrated sensors that monitor and treat the injury, the smart bandage will revolutionize the self-healing process—and it's not that far around the corner. The way it works is actually quite remarkable. It has temperature and pH sensors, ③which can evaluate the wound so that the bandage can adjust to ideal healing conditions. Additionally, antibiotics and pain medication are delivered by the device if sensors detect ④that infection or inflammation is worsening. Doctors predict smart bandages will make frequent hospital visits unnecessary by automatically scanning and ⑤release medicine to the injured area.

4 (A), (B), (C)의 각 네모 안에서 어법에 맞는 표현으로 가장 적절한 것은?

The "Internet of Things" (IoT) makes it possible to connect almost any electronic device to the Internet. And it has the potential not only to change our home life but also (A) [to affect / affecting] things like work and transportation. For example, if you had an important meeting, your car's GPS could access your online calendar and (B) [know / to know] exactly where you need to go. And if you got stuck in traffic, your car could automatically send text messages notifying the other attendees that you are running late. Possibilities like these are endless with the IoT. Discussions about its potential applications are (C) [taking place / taken place] in countries around the world as people try to understand the many ways in which it could transform our lives.

	(A)		(B)		(C)
①	to affect	……	know	……	taking place
②	affecting	……	to know	……	taken place
③	to affect	……	know	……	taken place
④	affecting	……	to know	……	taking place
⑤	to affect	……	to know	……	taking place

Word Study

1 **painful** 고통스러운 **blood vessel** 혈관 **locate** 위치하다 **roof** 지붕; *천장 **constrict** 수축하다 **in response** 이에 대응하여 **relax** 휴식을 취하다; *이완하다 (ⓝ relaxation 휴식; *이완) **fluid** 유동체 **release** 방출하다 **nearby** 인근의 **tissue** 조직 **sharp** 날카로운; *(고통 등이) 심한[찌르는 듯한] **last** 지속하다 **mild** 약한, 가벼운 **barely** 거의 ~ 않다

2 **no longer** 더 이상 ~ 않다 **dusty** 먼지투성이의 **venue** (콘서트·경기 등의) 장소 **occasionally** 이따금, 때때로 **host** 주최하다 **transform** 변형시키다, 바꾸다 **artistically** 예술적으로 **inspire** 영감을 주다 **reliable** 믿을 수 있는 (↔ unreliable) **authority** 권위; *권한 **distinguish A from B** A와 B를 구별하다 **portal** (인터넷) 포털 사이트 **accuracy** 정확(성) **report** 기록[보고]; 보고서 **revive** 되살리다 **popularity** 인기 **generation** 세대

3 **wound** 상처, 부상 **bandage** 붕대 **infection** 감염 **monitor** 추적 관찰하다 **integrated** 통합된 **revolutionize** 혁신을 일으키다 **remarkable** 놀라운; *뛰어난 **evaluate** 평가하다 **adjust** 적응하다; *조정되다 **antibiotic** 항생제 **pain medication** 진통제 **inflammation** 염증 **unnecessary** 불필요한 **release** 풀어 주다; *방출하다

4 **electronic** 전자의 **potential** 가능성; 잠재적인 **transportation** 교통수단 **access** 접속하다 **get stuck in traffic** 교통 체증을 겪다 **automatically** 자동적으로 **notify** (공식적으로) 알리다, 통지하다 **attendee** 참석자 **possibility** 가능성 **application** 지원, 신청; *적용, 응용

11강 간접의문문 · 도치 · 비교

간접의문문은 의문문이 다른 문장에 「의문사/if[whether]+주어+동사」의 어순으로 삽입된 것으로, 문장 내에서 명사절로 쓰여 주어, 목적어, 보어의 역할을 한다. 도치는 보통 부사(구)나 부정어(구)가 강조되어 문두에 올 경우 주어와 동사의 순서가 바뀌는 것을 말한다. 비교 구문에서는 원급이나 비교급이 쓰이는 다양한 관용 표현을 알아두자.

POINT 1

의문사가 있는 의문문을 간접의문문으로 만들 때는, 「의문사+주어+동사」의 어순이 된다. 간접의문문은 문장에서 주어, 목적어, 보어의 역할을 한다.

- **When she'll arrive** is a secret.
  그녀가 언제 도착할지는 비밀이다.
- I don't remember **what his last name is**.
  나는 그의 성이 무엇인지 기억이 안 난다.

> **QUIZ** 1. Just tell me why (you like / do you like) the book.
> 2. Do you know what time (the movie starts / does the movie start)?

POINT 2

간접의문문의 주절이 do you think[believe/ suppose/imagine/guess 등]일 때는, 「의문사+do you think[believe/suppose/ imagine/guess 등]+주어+동사」의 어순이 된다.

- **Where do you think they went** yesterday?
  너는 그들이 어제 어디에 갔다고 생각하니?
- **What do you imagine he will become** in the future?
  너는 그가 미래에 뭐가 될 거라고 생각하니?

> **QUIZ** 3. When (you suppose / do you suppose) your new book will be released?
> 4. (Do you think what / What do you think) they like to do every weekend?

POINT 3

의문사가 없는 의문문을 간접의문문으로 만들 때는, 「if[whether]+주어+동사」의 어순이 된다.

- I wonder **if I can stay** a few days longer.
  내가 며칠 더 머물 수 있는지 알고 싶다.
- Do you know **whether this medicine is** safe for children?
  너는 이 약이 아이들에게 안전한지 아니?

> **QUIZ** 5. I asked her if (she was / was she) afraid of living in a foreign country.
> 6. It is not certain whether (he will / will he) join the club.

장소 및 방향의 부사(구)나 부정어(구), only가
문장 맨 앞에 오면, 「동사+주어」의 어순이 된다.
단, 부정어 도치 구문에서 일반동사가 쓰인 경우
do[does/did]가 주어 앞으로 나가고 본동사는
주어 뒤에 남는다.

「So+동사+주어」 (긍정문 뒤) '~도 또한 …하다'
「Neither+동사+주어」 (부정문 뒤) '~도 또한 … 않다'

- On a plate in front of her **was a piece of bread**.
  그녀 앞에 놓인 접시 위에는 빵 한 조각이 있었다.

- Little **did I know** that I would be famous someday.
  나는 내가 언젠가 유명해지리라는 것을 몰랐다.

QUIZ 7. Never (I have / have I) seen such a great pianist.

8. She doesn't like Italian food. (So / Neither) do I.

비교 구문에서 원급이나 비교급이 쓰이는 관용
표현을 알아두자. 특히 비교 대상이 명사일 때
반복되는 부분은 지시대명사 that(단수)이나
those(복수)로 받는 것에 유의한다.

「the+비교급 ~, the+비교급 …」 '~할수록 더 …하다'
「as+원급+as possible[one can]」 '가능한 한
~한[하게]'
「비교급+and+비교급」 '점점 더 ~한[하게]'
「no longer ~」 '더는 ~ 않다' (= not ~ any longer)

- *The legs of an elephant are much thicker than* **those** of a dog.
  코끼리의 다리는 개의 다리보다 훨씬 더 두껍다.

- Would you explain the situation **as clearly as possible**?
  가능한 한 정확하게 이 상황을 설명해 주시겠습니까?

QUIZ 9. The winter climate of Vietnam is warmer than (that / those) of Korea.

10. The (higher / highest) we climb, the colder it becomes.

Check Up

다음 괄호 안에서 어법상 옳은 것을 고르시오. | 수능기출 & 모의평가 | 정답 및 해설 p. 18

1. Food plays a large part in how much (you enjoy / do you enjoy) the outdoors.

2. Around them (lots of wooden boards were / were lots of wooden boards).

3. He did not like the way we spoke, nor (he approved / did he approve) of the way we dressed.

4. (Do you believe what / What do you believe) we should do to solve traffic jams in big cities?

5. One of the most frequent criticisms is that the crop yields of organic farms are much lower than (that / those) of traditional farms.

6. Not only (they could / could they) see nothing in front of them, but they were tired and could not walk anymore.

7. Problems can be distinguished according to (whether they are / whether are they) reasonable or unreasonable.

[1-4] 다음 글의 밑줄 친 부분 중, 어법상 틀린 것을 고르시오.

1 Have you ever wondered ① where dust comes from? It seems amazing that such a large quantity of dust can gather inside your home. However, once you know ② how does dust form, it's actually surprising that there isn't more of it. ③ Unless you use an air cleaner, air coming in from outside carries a huge amount of dust. However, that's nothing more than a small part of ④ what makes up house dust. Another component is the 30,000 to 40,000 dead skin cells that each human drops every minute. In addition, clothes and furniture fabrics discard tiny fibers each time they ⑤ are used. In homes that are carpeted, even more tiny fibers gather to form dust.

2 Soft drinks are popular beverages made with carbonated water, sweeteners, and flavoring. Based on this description, little ① you would imagine that they contain alcohol. However, a study showed that most soft drinks ② do contain tiny amounts of alcohol. This is primarily due to the naturally occurring fermentation of sugar inside the drink. In some soft drinks, additional alcohol ③ is also introduced via the flavor extracts that are used. You may wonder ④ how any of this is legal, as minors are not allowed to drink alcohol. To better understand how little alcohol is involved, you should be aware that a container of yogurt of a similar size to ⑤ that of a soft drink will contain about twice as much alcohol.

*carbonated: 탄산이 든   **fermentation: 발효

3 A study found that older people are not good at ① taking in new information because they tend to focus on extra information more than younger people. In the study, ten young people and ten seniors were shown slides, each with six letters, two numerals, and a background of moving dots. Next, they were asked ② what numbers they had seen. The seniors often mentioned the dots, even if this information was irrelevant. Such a habit could be distracting, as it risks ③ replacing important information with something trivial. In later tests, the more irrelevant information was presented, ④ the less the seniors were able to filter it out. This could explain ⑤ why do older people find new tasks involving a lot of distractions challenging.

4 Separation anxiety is a normal stage of development that ① occurs when babies begin to understand that they are individual people, separate from their caregivers. At this time, they comprehend object permanence, meaning they realize that something continues to exist when they can ② no longer see it. Because of this, babies are able to understand that their caregivers can go away, but they don't understand that they will return. ③ Nor they have a full understanding of time. The normal, healthy reaction to all of this is ④ what is known as separation anxiety. It generally begins around the age of eight months, ⑤ peaking somewhere around the age of 13 to 15 months, after which it starts to decline.

*object permanence: 대상 영속성

Word Study

1 **quantity** 양 **gather** 모이다 **once** 일단 ~하면 **form** 형성하다 **actually** 실제로, 정말로; 사실은 **air cleaner** 공기 청정기 **nothing more than** ~에 지나지 않는 **make up** ~을 구성하다 **component** 구성 요소 **cell** 세포 **fabric** 직물, 천 **discard** 버리다 **tiny** 아주 작은[적은] **fiber** 섬유 조직 **carpet** 카펫; *카펫을 깔다

2 **soft drink** 청량음료 **beverage** 음료 **sweetener** 감미료 **flavoring** 맛 내기; *향료 **description** 서술, 묘사, 설명 **little** 그다지[별로] ~하지 않다 **contain** 함유하다 (ⓝ container 용기, 그릇) **primarily** 주로 **additional** 추가의 **introduce** 소개하다; *넣다 **via** ~을 경유하여, *~을 통하여 **flavor** 향미; *향미료 **extract** 발췌; *추출물 **legal** 합법적인 **minor** 작은; *미성년자 **involve** 수반[포함]하다

3 **senior** 고령자, 연장자 **letter** 글자, 문자 **numeral** 숫자 **irrelevant** 상관없는 **distracting** 마음을 산란케 하는, 주의 집중을 방해하는 (ⓝ distraction 집중을 방해하는 것) **risk** ~의 위험을 무릅쓰다 **replace A with B** A를 B로 대체하다 **trivial** 사소한, 하찮은 **present** 제출하다; *제시하다 **filter** 여과하다, 거르다 **challenging** 도전적인; *어려운

4 **separation anxiety** 분리 불안 **stage** 단계, 정도 **individual** 개인의; *개개의, 개별의 **separate from** ~에서 분리된[독립된] **caregiver** 양육자, 돌보는 사람 **comprehend** 이해하다 (= understand) **exist** 존재하다 **go away** 가버리다 **reaction** 반응 **peak** 최고점에 달하다, 절정에 이르다 **decline** 쇠퇴하다, 감소하다

12강 가정법·조동사

가정법은 실제로 일어나지 않았거나, 일어날 가능성이 희박한 일을 가정하는 표현 방법이다. 가정하는 내용에 따라 가정법의 시제가 달라지므로 가정법의 기본 형태와 각각의 의미를 정확하게 알아두어야 한다.

POINT 1

가정법 과거는 현재 사실의 반대(~라면, …일 텐데), 가정법 과거완료는 과거 사실의 반대(~했다면, …했을 텐데)를 나타낸다.

가정법 과거: 「If+주어+동사의 과거형 ~, 주어+would[could/might]+동사원형 …」
(가정법 과거에서 be동사는 보통 were를 쓰지만 was를 쓰는 경우도 있음)
가정법 과거완료: 「If+주어+had v-ed ~, 주어+would[could/might]+have v-ed …」

• **If** it **weren't raining**, I **would play** soccer with my friends.
만약 비가 오지 않는다면, 나는 내 친구들과 축구를 할 텐데.

• **If** you **had helped** me, I **could have met** the due date.
만약 네가 나를 도왔다면, 나는 기한을 맞출 수 있었을 텐데.

QUIZ 1. If I (am / were) stronger, I could move the heavy table by myself.
2. If I had taken your advice, I would not (make / have made) such a big mistake.

POINT 2

가정법에서 if를 생략할 경우, 주어와 동사가 도치된다.

with, without, but for, otherwise, to부정사구, 분사 구문 등은 if절을 대신하여 쓸 수 있다. 또한 if절 없이 주절만 있지만 문맥 속에 가정의 의미가 담긴 경우, 가정법의 동사 형태를 따라야 한다.

• **Had we known** it was urgent, we would have let you know.
만약 우리가 그것이 급한 일인 줄 알았더라면, 너에게 알려주었을 텐데.

• **With** your help, I could certainly succeed.
네가 도와준다면, 나는 분명 성공할 수 있을 텐데.

QUIZ 3. (I were / Were I) in her shoes, I would be very nervous.
4. We would have gone out (but / but for) the bad weather.

POINT 3

「I wish+가정법」 '~라면[~했더라면] 좋을 텐데', 「as if+가정법」 '마치 ~인[~였던] 것처럼'

「I wish+가정법」은 현재 이루기 힘든 소망이나 과거의 일에 대한 아쉬움 등을 나타낸다.
「as if[as though]+가정법」은 주절의 시점과 일치하거나 그 이전 시점의 일을 반대로 가정한다.

• **I wish I could marry** him.
그와 결혼할 수 있으면 좋을 텐데.

• She behaved **as if** nothing **had happened**.
그녀는 아무 일도 없었던 것처럼 행동했다.

QUIZ 5. I wish I (visit / could visit) Singapore with you this summer.
6. He acted as though he (is / were) my boyfriend.

POINT 4

조동사와 완료 시제가 결합하면 과거에 대한 추측, 후회, 가능성 등을 나타낸다.

「must have v-ed」 '~했음이 틀림없다'
「may have v-ed」 '~했을지도 모른다'
「could have v-ed」 '~할 수 있었는데 (하지 않았다), ~했을 수도 있다'
「should have v-ed」 '~했어야 했는데 (하지 않았다)'

• He **may have felt** insulted even if you didn't intend to be rude.
네가 무례할 의도가 아니었더라도 그는 모욕감을 느꼈을지도 모른다.

• We **could have won** if he had played the game with us.
만약 그가 우리와 함께 경기했다면, 우리는 이길 수 있었을 텐데.

QUIZ 7. My mother must (forgot / have forgotten) my birthday again.
8. You (must / should) have called me earlier than you did.

제안(suggest, propose, recommend),
주장(insist), 요구(demand, request)
등을 나타내는 동사의 목적절에서는
「(should+)동사원형」을 쓴다.

- I **insisted** that she (**should**) **tell** me the truth.
  나는 그녀가 나에게 진실을 말해야 한다고 주장했다.
- He **demanded** that she (**should**) **give** him more money.
  그는 그녀가 그에게 돈을 더 많이 줘야 한다고 요구했다.

QUIZ 9. I recommended that he (go / goes) there by himself.
10. I suggested that we (postpone / postponed) our meeting.

조동사의 다양한 관용 표현들을 알아두다

「had better+동사원형」 '~하는 것이 낫다' (충고의 의미)
「may as well+동사원형」 '~하는 것이 낫다' (다른 대안이 없는 상황에서)
「would rather+동사원형」 '(차라리) ~하겠다[하고 싶다]'
「cannot help+v-ing」 '~하지 않을 수 없다'
(= cannot help but+동사원형)
「may well+동사원형」 '~하는 것은 당연하다, 아마 ~일 것이다'

- You **had better study** hard if you want to pass the exam.
  만일 네가 시험을 통과하고 싶다면, 너는 공부를 열심히 하는 게 낫다.
- I **would rather stay** home and **watch** the Olympic Games on TV.
  나는 차라리 집에서 TV로 올림픽 경기를 보고 싶다.

QUIZ 11. You (may / can) well get angry at him.
12. I cannot help (to admire / admiring) his generosity.

Check Up

다음 괄호 안에서 어법상 옳은 것을 고르시오. | 수능기출 & 모의평가 | 정답 및 해설 p. 20

1. Our lives would be better if we (act / acted) based on our deepest values.
2. You had (more / better) expose your new ideas to the criticism of others.
3. (Had / Have) their education focused on creativity, they could have become great artists.
4. When I hear cheers from the audience after I sing, I wish Kathy (can / could) hear them, too.
5. That day was unusually foggy, as if something mysterious (were / have been) ahead.
6. I regret having paid little attention to him. I (must have paid / should have paid) more attention to him.
7. A study recommends that babies (be / are) moved into their own room by three months of age.

READ & APPLY

정답 및 해설 p. 20

[1-3] 다음 글의 밑줄 친 부분 중, 어법상 틀린 것을 고르시오.

1 Everything that circles the Sun is moving ① fast enough to be trapped in a never-ending orbit. That means if the planets suddenly ② stop moving, they would be drawn directly towards — and eventually into — the Sun. Now imagine that the Sun vanished for some unknown reason. In this case, each planet ③ would fly off into space in a straight line due to its forward motion. Because the planets closer to the Sun are moving faster than ④ those farther away, it would be possible for some of them to get close to others and gravitationally interact. Otherwise, they would keep ⑤ going in a straight line for thousands of years before coming into contact with another object.

2 Scientists ① may have found a lost continent called Mauritia hidden underneath the Indian Ocean. The scientists analyzed samples of zircon found in rocks ② spewed up by volcanos on the island of Mauritius. They determined that the zircons were about 3 billion years old. That makes them too old ③ to belong to Mauritius, where no rocks are more than 9 million years old. Based on their findings, the scientists believe that Mauritia was created in the splitting up of Gondwanaland, a super-continent ④ that broke into Africa, South America, Antarctica, India, and Australia. Previously, zircons had been discovered in beach sands on Mauritius, but critics argued that they ⑤ could be blown there by the wind. The new samples provide much stronger evidence that the lost continent does in fact exist.

3 Some caterpillars trick red ants into feeding them, ① making themselves at home inside the ant nest. Strangely, worker ants serve the caterpillars as if they ② are queens. When predators attack, worker ants give their lives to defend the caterpillars, just as they ③ would do if their queen were threatened. Why this happens is unclear, but a sound the caterpillars produce appears to make the worker ants mistake them for queens. When sound recordings of the caterpillars were played to worker ants, they were observed ④ to surround the speakers instead of escaping or acting aggressively. They behaved almost identically when ⑤ played the sound of their queen. Apparently, auditory mimicry is the key to the caterpillars' strategy.

4 (A), (B), (C)의 각 네모 안에서 어법에 맞는 표현으로 가장 적절한 것은?

In 1805, the French Army decided to march to Austria to launch a surprise attack on Austrian troops. On arriving in Vienna after a journey of 2,000 km, the French troops were (A) exhausting / exhausted . The Austrian army should (B) beat / have beaten the French army as soon as they arrived, as they outnumbered the French two to one. But on the cold December morning of the battle, a thick fog descended on Vienna and its outskirts. Although the French could clearly see the Austrians from their position, the Austrians could not see the French. The French were thus able to take the Austrians by surprise, and after six hours of fighting, victory was theirs. Without the help of the weather, the French couldn't (C) win / have won the battle.

	(A)		(B)		(C)
①	exhausting	······	have beaten	······	have won
②	exhausting	······	beat	······	win
③	exhausted	······	have beaten	······	win
④	exhausted	······	beat	······	have won
⑤	exhausted	······	have beaten	······	have won

Word Study

1 **circle** ~의 주위를 돌다 **trap** 가두다 **orbit** 궤도 **eventually** 결국 **vanish** 사라지다 **forward** 앞으로 가는[향한] **motion** 운동, 움직임 **gravitationally** 중력[인력]으로 **interact** 상호작용하다

2 **continent** 대륙 **underneath** ~의 밑[아래]에 **analyze** 분석하다 **spew** 뿜어내다, 분출하다 **determine** 알아내다, 밝히다 **billion** 10억 **million** 100만 **finding** 결과, 결론 **previously** 이전에 **critic** 비평가, 평론가 **argue** 논의하다; *주장하다 **evidence** 증거

3 **caterpillar** 애벌레 **trick A into v-ing** A를 속여 ~하게 하다 **feed** 먹이를 주다 **make oneself at home** 편히 쉬다 **serve** 섬기다 **predator** 포식자 **mistake A for B** A를 B라고 오인[혼동]하다 **surround** 둘러싸다 **aggressively** 공격적으로 **identically** 꼭 같게 **apparently** 명백히, 보아하니 **auditory** 청각의 **mimicry** 모방, 흉내 **strategy** 전략

4 **march** 행진하다 **launch** 시작[개시]하다 **troop** (pl.) 군대 **exhaust** 기진맥진하게 하다 **beat** 무찌르다, 이기다 (beat-beaten) **outnumber** ~보다 수적으로 우세하다 **descend** 내려오다; *(안개 등이) 내려앉다 **outskirt** (pl.) 교외, 변두리 **take A by surprise** A를 불시에 덮치다

*The gratification comes in the doing,
not in the results.
- James Dean -*

CHAPTER 05

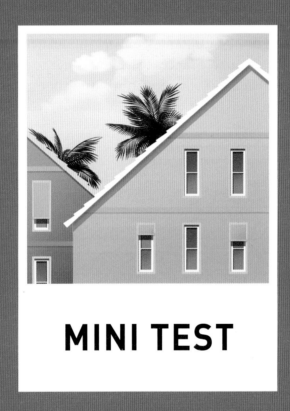

MINI TEST

MINI TEST

[1-2] 다음 글의 밑줄 친 부분 중, 어법상 틀린 것을 고르시오.

1 ① <u>Stretching</u> across Europe, the Camino de Santiago comprises a network of old pilgrimage routes rich in history. These days, spiritual adventurers come from all over the world to take up the challenge of trekking along this impressive trail system. The most popular section runs for 780 km across the north of Spain, from St. Jean Pied de Port to Santiago de Compostela, and ② <u>are known</u> as the Camino Frances, or French Route. While the sheer distance of this trek demands a certain level of physical fitness, anyone, no matter how young or old, can enjoy ③ <u>hiking</u> the Camino Frances. The key is not to rush it; the people who have the most trouble are ④ <u>those</u> who try to walk too fast. Instead, it is advisable to slow down and allow yourself the time ⑤ <u>to experience</u> your magnificent surroundings.

*Camino de Santiago: 산티아고 순례길

2 In addition to the numerous decisions that expecting parents face, there is now the issue of ① <u>whether or not to bank</u> their baby's umbilical cord blood. From magazine advertisements to flyers in their doctor's office, parents ② <u>are repeatedly told of</u> the importance of saving their baby's umbilical cord blood. This is because umbilical cord blood is a primary source of stem cells, ③ <u>which</u> contribute to the development of all tissues and organs in the body. The information from these cells therefore ④ <u>provide</u> doctors with a way to treat leukemia and other genetic diseases. Thus banking a baby's blood and stem cells in a cord blood bank could prove ⑤ <u>invaluable</u>.

*umbilical cord blood: 제대혈(탯줄에 들어 있는 피)   **leukemia: 백혈병

3 (A), (B), (C)의 각 네모 안에서 어법에 맞는 표현으로 가장 적절한 것은?

The Chinese have long believed that the style (A) which / in which a person writes can reveal the truth about his or her personality. Even in modern times, it is commonly accepted that one can read a person through his or her handwriting. That's because the most (B) wide / widely practiced Chinese calligraphy styles emphasize uniqueness and spontaneity, with the brush acting as an extension of the individual's arm, wrist, and hand. In this way, the brush records each and every movement of the artist, revealing much about his or her personality. In contrast, European calligraphy tends to be written in a highly stylized and standard form, which (C) themselves / itself lacks personal expression.

*calligraphy: 서법, 서체

(A)		(B)		(C)
① which	......	wide	......	themselves
② which	......	widely	......	themselves
③ in which	......	widely	......	itself
④ in which	......	widely	......	themselves
⑤ in which	......	wide	......	itself

4 다음 글의 밑줄 친 부분 중, 어법상 틀린 것은?

Algae living on the surface of Arctic glaciers have been turning the ice red and creating what is ① called "watermelon snow." While the pinkish snow might look pretty, scientists have discovered a troubling new effect of these algae: not only ② do they color the ice, but they also contribute to glacier melting. A study was done on the effects of the algae, revealing that the red color they produce darkens the surface of the glaciers, ③ that causes the ice to absorb more heat from the sun and accelerates the melting of the glacier. Because the algae need liquid water to grow, the more ice melts, ④ the more red algae there will be. With the amount of red algae continually ⑤ increasing, some climate scientists believe that Arctic glaciers are in danger of disappearing completely.

*algae: (pl.) 조류(藻類), 해조

[5-6] (A), (B), (C)의 각 네모 안에서 어법에 맞는 표현으로 가장 적절한 것을 고르시오.

5 Most people are unable to drink milk past infancy because they're unable to digest lactose, whereas infants encode an enzyme known as lactase, which is able to digest it. This lactase gene is usually disabled as we get older. Thousands of years ago this changed, and (A) being / was able to easily digest milk became advantageous in some areas. This was probably because it was readily available on farms and a fairly nutritious addition to the human diet. It's estimated that cheese was made for roughly 4,000 years in Europe before lactose could be properly digested. It most likely (B) was happened / happened that a few select individuals experienced a mutation in the lactase gene that kept it active after infancy, making it possible for adults to consume dairy. Such individuals were better at surviving and producing more children, and (C) so are / so were their offspring, and so the mutation multiplied.

*lactose 유당(乳糖)   **lactase 유당 분해 효소

(A)		(B)		(C)
① being	.....	was happened	.....	so are
② being	.....	was happened	.....	so were
③ being	.....	happened	.....	so were
④ was	.....	was happened	.....	so are
⑤ was	.....	happened	.....	so were

6 Golden jellyfish are so rare that they can only be found in one place—a small, saltwater lake on one of Palau's many islands. These unique jellyfish have developed a special relationship with a species of algae (A) that / what is carried inside of their bodies. The jellyfish provide the algae with sunlight by swimming to bright areas at the surface of the lake. (B) While / During at the surface, they spin their bodies slowly so all of the algae receive some light. When they receive sunlight, the algae are able to create a source of energy for the jellyfish. Through a process called photosynthesis, the algae store solar energy and combine it with water and carbon dioxide (C) to produce / produced glucose. The jellyfish absorb the glucose, which gives them the energy to move across the lake and helps their body structures grow.

*golden jellyfish: 황금 해파리

(A)	(B)	(C)
① what	While	to produce
② what	During	produced
③ that	While	to produce
④ that	During	to produce
⑤ that	While	produced

MINI TEST

[1-2] 다음 글의 밑줄 친 부분 중, 어법상 **틀린** 것을 고르시오.

1 If you are a fan of *Harry Potter*, then you probably know about the "invisibility cloak." Such a magical cloak seems perfectly believable when you're reading about a fantasy world filled with witches and wizards. But in reality, there ① is no such thing as an invisibility cloak. Or is there? With optical-camouflage technology ② developed by scientists at the University of Tokyo, the invisibility cloak already exists. It works by using tiny lenses that ③ reflects no light. These lenses bend light waves ④ so that they curve around behind the wearer before reconnecting at the front. The garment does all this at the speed of light, ⑤ making it the perfect "invisibility cloak."

*optical-camouflage: 광학 위장

2 The *Michelin Guide* is a series of guide books published annually by Michelin, the French tire company, for more than 20 countries. Michelin ① has been providing reviews of restaurants and hotels since 1900. It hires professional inspectors to secretly visit and thoroughly ② evaluate them. The evaluation has been performed for decades ③ to identify the highest quality restaurants and hotels. It is this skilled research ④ what makes the *Michelin Guide* such a reliable source of recommendations. No matter what your requirements or budget limits are, the *Michelin Guide* will help you ⑤ choose the perfect places to eat and sleep.

3 (A), (B), (C)의 각 네모 안에서 어법에 맞는 표현으로 가장 적절한 것은?

A hate crime is one committed against a victim who is targeted specifically due to his or her race, religion, or gender. Some believe that those criminals who commit hate crimes should automatically spend a longer time in prison (A) because / because of hate is worse than other motives. However, others argue that simply (B) adding / addition more years to prison terms would be ineffective in preventing hate crimes. They maintain that judges should always consider the unique circumstances surrounding a crime when (C) determining / determined a criminal's punishment.

(A)		(B)		(C)
① because	……	adding	……	determining
② because	……	addition	……	determined
③ because	……	adding	……	determined
④ because of	……	addition	……	determined
⑤ because of	……	adding	……	determining

4 다음 글의 밑줄 친 부분 중, 어법상 틀린 것은?

"Landsickness," also known as debarkation sickness, is a poorly ① understood condition. After ② returning to land, many people experience the sensation of still being on a rocking boat. This feeling typically passes within hours or days. But for sufferers of landsickness, the sensation is permanent. One theory suggests that our brains quickly adapt to motion, such as ③ those of a ship on the ocean, by imitating it. But if that imitation continues after debarkation, a person will experience the continual feeling of rocking from side to side that ④ characterizes landsickness. Although there ⑤ is no known cure, some drugs that are used to control spinning sensations are effective in reducing the rocking sensation.

*landsickness: 육지 상륙 병   **debarkation: 상륙

5 Dry humor is characterized by a calm and seemingly serious delivery by the comedian. Focusing mainly on words, it is different from other forms of comedy, which (A) relies on / rely on comic facial expressions or physical clowning to make the audience laugh. Dry humor is therefore associated with (B) that / what some people refer to as "highbrow comedy," meaning it requires intelligence on the part of the audience to understand and appreciate the content of the jokes. Although the jokes may be extremely funny or silly, the comedian must keep a very straight face. This focuses the audience's attention on the words themselves, rather than (C) to distract / distracting them with the comedian's movements or facial expressions.

*dry humor: 정색하고 하는 유머[농담]

	(A)		(B)		(C)
①	relies on	······	that	······	to distract
②	relies on	······	what	······	to distract
③	rely on	······	what	······	distracting
④	rely on	······	what	······	to distract
⑤	rely on	······	that	······	distracting

6. A recent study has shown that having a hot drink can make us (A) feel / to feel friendly. In the study, researchers asked people to rate strangers in terms of how welcoming and trustworthy they appeared. Those who were holding a warm cup of coffee generally rated the strangers highly, while most of those holding cold drinks gave lower ratings. Those with hot drinks also tended to act more generously. These results are probably due to the mental associations created by (B) using / use the words "warm" and "cold" when describing people's personalities. The same logic applies with sweetness. People who have eaten candy (C) is / are more likely to describe others as "sweet."

(A)	(B)	(C)
① feel	…… using	…… is
② feel	…… using	…… are
③ feel	…… use	…… is
④ to feel	…… using	…… are
⑤ to feel	…… use	…… is

15강

1 (A), (B), (C)의 각 네모 안에서 어법에 맞는 표현으로 가장 적절한 것은?

The Slow City movement (A) [was / has been] started in Italy in 1999 by the mayors of four cities. At the founding meeting, the mayors discussed how to "slow down" their cities. They then pledged to devote (B) [them / themselves] to ensuring a calmer and less polluted environment, conserving local traditions, and investing in local crafts and cuisine. In addition, they agreed that it is important to make citizens aware of the value of living a slow life and (C) [sharing / shares] their experiences in finding solutions for better living. Together, their goal is to preserve Italy's slow traditions in a quickly changing world.

(A)	(B)	(C)
① was	them	sharing
② has been	them	shares
③ was	themselves	shares
④ has been	themselves	sharing
⑤ was	themselves	sharing

2 다음 글의 밑줄 친 부분 중, 어법상 틀린 것은?

Shanghai's Nanhui district is a coastal district ① that was traditionally agricultural. And since 1991, it ② has hosted a peach blossom festival every year during March and April. At the festival, visitors can see hundreds of blossoming peach trees, and they can also experience Chinese culture. For example, they can watch traditional Chinese dancers and listen to music ③ playing by folk musicians. Some of the most entertaining events at the festival involve pigs. There ④ are pig races, pig diving contests, and many more interesting events. Many local farmers welcome visitors into their homes during the festival so that they can have a meal and enjoy ⑤ learning about fishing and agriculture.

[3-4] 다음 글의 밑줄 친 부분 중, 어법상 틀린 것을 고르시오.

3 Most people think ① that salad is among the healthiest things you can eat. Never ② they would believe that the opposite is sometimes true. However, this was proven in a recent study, in which researchers wanted to see just how unhealthy ③ a salad can be. They discovered that a particular restaurant serves a Caesar salad with an incredible 1,280 calories. The croutons, dressing, and Parmesan cheese in the restaurant's Caesar salad actually ④ make it an unhealthy choice. The researchers also looked at nutrition information offered by many different restaurants and found 40 cheeseburgers ⑤ which have fewer calories than the restaurant's Caesar salad. So contrary to common belief, salad isn't always the healthiest option.

*crouton: 크루톤(수프나 샐러드에 넣는, 바삭하게 튀긴 작은 빵 조각)

4 It is commonly believed that Napoleon was short. This is based on the fact that he was listed as ① being 5 feet 2 inches (157 cm) tall. However, that measurement was made in French units and converted inaccurately. By modern measurements, he was actually nearly 5 feet 7 inches (170 cm) tall, which was taller than average for that time period. Surprisingly, ② despite being relatively tall, Napoleon was considered short while he was still alive. One possible reason for this is ③ whether his bodyguards were very tall. Wherever Napoleon went, they were by his side, ④ making him look small in comparison. His nickname, *le petit caporal*, added to the misconception, ⑤ as the word *petit* can be literally interpreted as "small." However, it was actually a respectful term reflecting his close connection with his soldiers.

5 The bonobo is a primate species that is found only in the Democratic Republic of the Congo. It is believed to be one of the closest living (A) relative / relatives of humans. Bonobos show very similar behavior to humans when it comes to social interaction and reproduction. What is more, bonobo DNA is 97% identical to human DNA. With only around 10,000 individuals remaining in the wild, the bonobo is now considered to (B) endanger / be endangered . Hunting and habitat loss are two factors that have contributed to the dramatic decline in bonobo populations. In addition, political instability in the Democratic Republic of the Congo has also made populations more (C) vulnerable / vulnerably .

	(A)		(B)		(C)
①	relative	⋯⋯	be endangered	⋯⋯	vulnerable
②	relatives	⋯⋯	be endangered	⋯⋯	vulnerable
③	relatives	⋯⋯	be endangered	⋯⋯	vulnerably
④	relatives	⋯⋯	endanger	⋯⋯	vulnerably
⑤	relative	⋯⋯	endanger	⋯⋯	vulnerably

6 Dark tourism is a type of travel in which people visit disturbing sites where death and disaster occurred in the past. Fascination with such places is (A) new nothing / nothing new , yet these days tourists have been seeking them out for different reasons. Most recently, the site of the collapsed World Trade Center towers in New York City, now the National September 11 Memorial, (B) has become / had become an attraction of the growing dark tourism industry. Visiting sites like this can bring a better understanding of the world. Your visit and that of others can also provide an economic boost (C) with / to poor areas. What's more, people who have been affected by a tragedy may find that visiting the site of it can help them to heal.

	(A)		(B)		(C)
①	new nothing	······	has become	······	to
②	new nothing	······	had become	······	with
③	nothing new	······	has become	······	with
④	nothing new	······	has become	······	to
⑤	nothing new	······	had become	······	with

MINI TEST

[1-3] 다음 글의 밑줄 친 부분 중, 어법상 틀린 것을 고르시오.

1 The word "trail" means "to follow behind something." So why are the movie previews ①that are shown in theaters before the movie known as "trailers"? In fact, the first trailers were shown not at the beginning of the film, ②or rather at the end as their name indicates. The very first trailer was shown in 1913. It was for a musical called *The Pleasure Seekers*, which ③was due to open on Broadway later that year. The trailer included short scenes of the musical being rehearsed. The idea proved popular, and soon trailers began ④appearing after films all around the country. They were most commonly shown after serial films, which often ended in the middle of an exciting scene. As the trailers would advertise the next film in the series, it made ⑤a lot more sense to show them at the end.

2 An enzyme is a special kind of protein ①that can both begin and speed up chemical reactions in the body. Whenever a cell has to get something ②done, it can use enzymes to make the process go faster. Like all proteins, enzymes are chains made up of amino acids that are linked together. An enzyme's particular function ③is determined by the types of amino acids it is composed of and how they are arranged. Each type of enzyme is unique and can only react with the substance ④for which it was created. This is important, because it ensures that enzymes do not cause chemical reactions ⑤where are not intended or necessary.

3 People first began to drink tea in southern China, ① where the tea bush is a native plant. Even before people there began farming wheat, they started growing tea bushes. Around the year 600 AD, tea drinking was brought to northern China by the Sui Dynasty, ② that had conquered southern China. Europeans were ③ exposed to tea when travelers from Europe started coming to China in the 1600s. These travelers brought tea back to Europe, and it became very popular there. But it was difficult to get tea bushes ④ to grow in Europe's wet, cold climate. By the mid-19th century, the British ⑤ had conquered India and were able to grow tea there. Before long, much of the world's tea was being produced in India.

[4-6] (A), (B), (C)의 각 네모 안에서 어법에 맞는 표현으로 가장 적절한 것을 고르시오.

4 Lake Baikal, the oldest and deepest freshwater lake in the world, (A) curve / curves through southeastern Siberia for almost 650 kilometers. According to geologists, it probably formed some time between 20 and 25 million years ago. In some places, the lake is more than 1,600 meters deep, and its cold, oxygen-rich water is filled with strange creatures found nowhere else. One of these is the golomyanka, a pink, partly transparent fish (B) that / what , unlike most fish, produces live young. There are numerous small villages around the lake where people live peacefully and independently. (C) Surrounded / Surrounding by evergreen forests and snowcapped mountains, Lake Baikal is truly a place of unique beauty.

(A)		(B)		(C)
① curve	······	that	······	Surrounded
② curve	······	what	······	Surrounding
③ curves	······	what	······	Surrounding
④ curves	······	that	······	Surrounded
⑤ curves	······	that	······	Surrounding

5 Calendula is a plant genus that includes between 15 and 20 species generally referred to as "marigolds." It has a long history of being used in food, for decoration, and for medical and cosmetic reasons. Medicinally, it can be eaten, but it is more (A) popular / popularly applied to the skin. Many different products, including lotions and shampoos, now include calendula as a key component. Calendula also helps reduce gum inflammation and (B) fight / fighting against plaque and cavities. Because of this, it has become an increasingly popular ingredient in toothpastes and mouthwashes, too. Calendula is an astringent as well, (C) which / that helps it to reduce the number of bacteria in the mouth and increase overall oral health.

*calendula: 【식물】 금잔화   **genus: (생물 분류상의) 속(屬)
***marigold: 천수국   ****astringent: 수렴제

	(A)		(B)		(C)
①	popular	……	fight	……	which
②	popularly	……	fight	……	which
③	popularly	……	fighting	……	that
④	popular	……	fighting	……	that
⑤	popularly	……	fight	……	that

6 In order to tackle climate change, many scientists and engineers have been looking for ways (A) to capture / capturing excess CO_2. One company in India has come up with a unique method of doing this. Coal burning industries can use the method to lower CO_2 emissions and (B) turn / turning the waste into baking powder. The company is now testing its method at a coal-fired power plant, changing excess CO_2 into sodium bicarbonate, the exact same substance (C) stored / storing in any baker's cupboard. The company estimates that 66,000 tons of CO_2 can be captured from the plant annually with its method. That would have the same effect as taking 12,674 cars off the road for the same period of time.

*sodium bicarbonate: 탄산수소나트륨

	(A)		(B)		(C)
①	to capture	……	turn	……	stored
②	to capture	……	turn	……	storing
③	capturing	……	turning	……	storing
④	to capture	……	turning	……	storing
⑤	capturing	……	turn	……	stored

지은이

NE능률 영어교육연구소

NE능률 영어교육연구소는 혁신적이며 효율적인 영어 교재를 개발하고
영어 학습의 질을 한 단계 높이고자 노력하는 NE능률의 연구조직입니다.

맞수 수능문법어법 〈기본편〉

펴 낸 이	주민홍
펴 낸 곳	서울특별시 마포구 월드컵북로 396(상암동) 누리꿈스퀘어 비즈니스타워 10층
	㈜NE능률 (우편번호 03925)
펴 낸 날	2020년 10월 5일 개정판 제1쇄 발행
	2024년 2월 15일 제7쇄
전 화	02 2014 7114
팩 스	02 3142 0356
홈 페 이 지	www.neungyule.com
등 록 번 호	제1-68호
I S B N	979-11-253-3476-7 53740
정 가	10,000원

NE 능률

고객센터

교재 내용 문의 : contact.nebooks.co.kr (별도의 가입 절차 없이 작성 가능)
제품 구매, 교환, 불량, 반품 문의 : 02-2014-7114
☎ 전화문의는 본사 업무시간 중에만 가능합니다.

NE능률 교재 MAP

수능

아래 교재 MAP을 참고하여 본인의 현재 혹은 목표 수준에 따라 교재를 선택하세요.
NE능률 교재들과 함께 영어실력을 쑥쑥~ 올려보세요!
MP3 등 교재 부가 학습 서비스 및 자세한 교재 정보는 www.nebooks.co.kr 에서 확인하세요.

초1-2 ── 초3 ── 초3-4 ── 초4-5 ── 초5-6

초6-예비중 ── 중1 ── 중1-2 ── 중2-3 ── 중3

중2-3: 첫 번째 수능 영어 기초편

중3:
첫 번째 수능 영어 유형편
첫 번째 수능 영어 실전편

예비고-고1 ── 고1 ── 고1-2 ── 고2-3, 수능 실전 ── 수능, 학평 기출

예비고-고1
기강잡고 독해 잡는 필수 문법
기강잡고 기초 잡는 유형 독해
The 상승 직독직해편
올클 수능 어법 start
얇고 빠른 미니 모의고사
10+2회 입문

고1
빠바 기초세우기
능률기본영어
The 상승 문법독해편
수능만만 기본 영어듣기 20회
수능만만 기본 영어듣기 35+5회
수능만만 기본 문법·어법·어휘 150제
수능만만 기본 영어독해 10+1회
맞수 수능듣기 기본편
맞수 수능문법어법 기본편
맞수 구문독해 기본편
맞수 수능유형 기본편
수능유형 PICK 독해 기본
수능유형 PICK 듣기 기본
수능 구문 빅데이터 기본편
얇고 빠른 미니 모의고사
10+2회 기본

고1-2
빠바 구문독해
The 상승 어법어휘+유형편
The 상승 구문편
맞수 수능듣기 실전편
맞수 수능문법어법 실전편
맞수 구문독해 실전편
맞수 수능유형 실전편
맞수 빈칸추론
특급 독해 유형별 모의고사
수능유형 PICK 독해 실력
수능 구문 빅데이터 수능빈출편
얇고 빠른 미니 모의고사
10+2회 실전

고2-3, 수능 실전
빠바 유형독해
빠바 종합실전편
The 상승 수능유형편
수능만만 어법어휘 228제
수능만만 영어듣기 20회
수능만만 영어듣기 35회
수능만만 영어독해 20회
특급 듣기 실전 모의고사
특급 빈칸추론
특급 어법
특급 수능·EBS 기출 VOCA
올클 수능 어법 완성
능률 EBS 수능특강 변형 문제
영어(상), (하)
능률 EBS 수능특강 변형 문제
영어독해연습(상), (하)

수능, 학평 기출
다빈출코드 영어영역 고1독해
다빈출코드 영어영역 고2독해
다빈출코드 영어영역 듣기
다빈출코드 영어영역 어법·어휘

수능 이상/
토플 80-89·
텝스 600-699점

수능 이상/
토플 90-99·
텝스 700-799점

수능 이상/
토플 100·
텝스 800점 이상

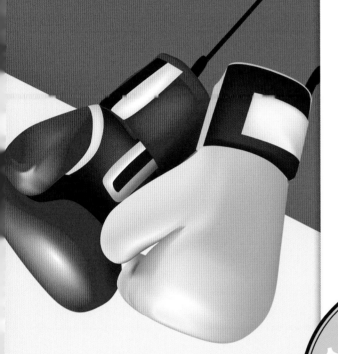

맞수

맞춤형 수능영어 단기특강 시리즈

수능문법어법
기본편

정답 및 해설

NE 능률

맞수

맞춤형 수능영어
단기특강 시리즈

수능문법어법
기본편

정답 및 해설

QUIZ

1 takes	2 is	3 is	4 turn	5 are	6 is
7 wants	8 is	9 like	10 is	11 are	
12 is					

해석 | 1 외국어를 배우는 것은 시간과 노력이 든다. 2 그들이 행복한지 아닌지가 요점이 아니다. 3 쿠키를 먹고 있는 갈색 개는 내 것이다. 4 나무의 녹색 잎들은 가을에 붉게 변한다. 5 문법 규칙에는 언제나 예외가 많다. 6 출퇴근 혼잡 시간대에는 교통량이 많다. 7 모든 사람은 좋은 친구를 갖기를 원한다. 8 건강보다 더 중요한 것은 없다. 9 Brian뿐만 아니라 그의 반 친구들도 새로운 선생님을 좋아한다. 10 부모님이나 삼촌이 나를 데리러 공항에 오실 것이다. 11 많은 시민들이 새로운 법안에 항의하고 있다. 12 중국어를 공부하는 사람들의 수가 증가하고 있다.

Check Up

1 are	2 is	3 depends	4 are	5 are
6 fills	7 sounds	8 is		

해석 | 1 결코 성공하지 못하는 사람들은 너무 빨리 그만두는 사람들이다. 2 그가 소유한 책의 총 권수는 전혀 알려져 있지 않다. 3 생태계의 모든 요소는 다른 모든 요소에 의존한다. 4 떠다니는 얼음덩어리들은 자연 풍토 중에서 가장 장관이다. 5 연기 인생 도중에 무대 공포증이 생겨서 공연을 전혀 할 수 없게 된 유명한 연기자들의 사례가 많다. 6 잔디가 산들바람에 춤출 때 야생화 향기가 공기를 가득 채운다. 7 직접 얼굴을 마주 보고 대화할 때 상대방의 이름을 너무 자주 부르는 것은 교활하게 들린다. 8 시스템과 서비스의 연계성은 기반 시설에 관한 어떤 논의에서든 대단히 중요하다.

READ & APPLY

pp. 10 – 11

1 ①	2 ④	3 ④	4 ③

1 정답 ①

문제해설 | ① 주어(Requests)가 복수 명사이므로, 복수 동사 show를 써야 한다.

오답풀이

② 「There+is[are]+주어 ~」 구문에서 be동사의 수는 뒤에 나오는 주어에 일치시키는데 주어가 languages이므로 복수 동사 are가 쓰였다.

③ Some은 대명사로 '몇몇'이라는 의미의 복수 명사이므로 복수 동사

are가 쓰였다.

④ 주어가 복수 명사(People)이므로 복수 동사 speak가 쓰였다.

⑤ 주어가 동명사구(asking someone to speak "African")이므로 단수 동사 ignores가 쓰였다.

해석 | 나이지리아에서 태어났지만, 어린 시절에 미국으로 이주한 한 여자가 그녀의 새로운 미국인 반 친구들이 그녀에게 "아프리카어로 뭔가를 말해봐."라고 요구했던 것을 회상한다. 이러한 요구는 개인의 정체성을 한 단어로 정의하기가 얼마나 어려운지를 보여준다. 실제로, 아프리카에서 사용되는 언어들은 거의 2,000개가 있다. 스와힐리어와 같은 몇몇 언어들은 수백만 명의 사람들에 의해 사용된다. 다른 언어들은 단지 몇백 명의 사람들에 의해 사용된다. 나이지리아 사람들은 그들만의 토착어뿐만 아니라 영어도 사용한다. 그러므로 누군가에게 '아프리카어'를 말해 보라고 요구하는 것은 그 대륙의 방대한 다양성을 무시하는 것이다.

구문해설 | [3행] ... show {**how** difficult *it* is [*to define* a person's identity ...]}. ▶ how 이하의 { }는 동사 show의 목적어인 의문사절이며, 의문사절 안에서 it은 가주어이고 to define 이하의 [ ]가 진주어이다.

2 ④

문제해설 | ④ 접속사 that이 이끄는 명사절의 주어가 the reason이므로 단수 동사 was를 써야 한다.

오답풀이

① 문맥상 인기 있는 채소가 매우 영양가가 높다고 '여겨지는' 것이므로 수동태(is thought)가 쓰였다.

② 주어가 The most common color이므로, 단수 동사 is가 쓰였다.

③ 주어가 This modern variety이므로 단수 동사 wasn't가 쓰였다. (「not A until B」 'B가 되어서야 비로소 A하다')

⑤ 보어로 쓰인 that절의 주어가 the orange carrots이므로 복수 동사 were가 쓰였다.

해석 | 당근은 매우 영양가가 높다고 여겨지는 인기 있는 채소이다. 흰색, 노란색, 빨간색, 그리고 보라색 품종을 포함하는 다양한 종류의 당근이 있다. 그러나 요즘 가장 흔한 당근의 색은 주황색이다. 이 새로운 품종은 사실 16세기 후반이 되어서야 비로소 재배되었다. 네덜란드 농부들이 보라색, 노란색, 그리고 흰색 당근을 가져다가 그것들을 점차 새로운 주황색 품종으로 개량했다. 이 주황색 당근이 네덜란드에서 인기가 있었던 이유는 그것들이 그 당시에 인기 있었던 지도자 William of Orange에 대한 찬사의 표시로 여겨졌기 때문이었을지 모른다. 그러나 더 그럴듯한 이유는 네덜란드 사람들이 개량한 주황색 당근이 다른 품종들보다 더 달고 재배하기 더 쉬웠기 때문이다.

구문해설 | [7행] It's possible {**that** *the reason* [(why/that) these orange carrots were popular in the Netherlands] ...}. ▶ It은 가주어이고 that 이하의 { }가 진주어이다. [ ]는 the reason을 선행사로 하는 관계부사절로 why 또는 that이 생략되었다.

[9행] More likely reasons, however, are {**that** *the orange carrots* [*that* the Dutch developed] were sweeter …}. ▶ that 이하의 { } 는 보어로 쓰인 명사절이다. that 이하의 [ ]는 the orange carrots 를 선행사로 하는 목적격 관계대명사절이다.

3 ④

문제해설 | ④ 주어가 상관접속사 「neither A nor B」에 연결된 경우 동사의 수는 B에 일치시키는데, 이때 B는 동명사구이므로 단수 동사 produces를 써야 한다.

오답풀이
① 「a number of+복수 명사」는 '많은 ~'의 의미로, 복수 취급한다.
② 주어가 동명사구이므로, 단수 동사 encourages가 쓰였다.
③ 「There+is[are]+주어 ~」 구문에서 주어가 a difference이므로, 단수 동사 is가 쓰였다.
⑤ 종속절의 주어가 a large platter of food이므로, 단수 동사 is가 쓰였다.

해석 | 벨기에의 많은 학생들은 어린 시절에 얼마나 자주 가족과 함께 음식을 나눠 먹었고, 현재 얼마나 자주 이타적 행동을 하는지 연구자들에게 질문을 받았다. 그 결과 자주 음식을 나눠 먹은 학생들이 이타심 측면에서 더 높은 점수를 기록했다. 음식을 나눠 먹는 것은 사람들이 공정성에 대해 생각하게 하는데, 식탁에 있는 다른 모두와 비교하여 얼마나 (음식을) 먹을지 생각해야 하기 때문이다. 그러나 음식을 나누어 먹는 것과 단순히 함께 먹는 것에는 차이가 있다. 혼자서 먹거나 모두가 각자의 음식을 주문해서 식사하는 경우 어느 쪽도 너그러운 감정을 일으키지 않는다. 그러나 커다란 접시의 음식이 나누어질 때, 우리의 이타적인 면이 나온다. 이 연구는 함께 식사하는 것이 아이들이 긍정적인 사회적 행동들을 발달시키는 데 도움이 된다는 것을 보여준다.

구문해설 | [1행] … were asked by researchers [**how often they** **shared** …] and [**how often they** currently **performed** …]. ▶ 두 개의 [ ]는 were asked의 목적어 역할을 하는 간접의문문으로, 「의문사+주어+동사」의 어순을 따른다.
[3행] The results showed {**that** *those* [*who* had frequently shared meals] scored …}. ▶ 접속사 that 이하의 { }는 showed 의 목적어로 쓰인 명사절이고, who 이하의 [ ]는 those를 선행사로 하는 주격 관계대명사절이다.

4 ③

문제해설 | (A) that절의 주어가 동명사구(seeing someone who is stressed)이므로 단수 취급하여 단수 동사 increases를 써야 한다.
(B) 종속절의 주어가 동명사구(focusing on problems)이므로 단수 동사 feels를 써야 한다.
(C) 주어가 The best course of action이므로 단수 동사 is를 써야 한다.

해석 | 우리의 감정은 다른 사람들의 감정에 쉽게 영향을 받는다. 사실상, 연구들은 스트레스를 받는 누군가를 그저 보는 것만으로도 우

리 자신의 스트레스 호르몬을 증가시킨다는 것을 밝혔다. 이러한 감정이입의 경향은 불안감 같은 어떤 부정적인 감정들에 관한 한 도움이 되지 않는다. 불안감은 생산적인 것처럼 보이는데, 문제에 초점을 맞추는 것은 그 문제들을 처리하기 위해 행동을 취하는 것처럼 느껴지기 때문이다. 그리고 우리가 다른 사람들이 어떤 것에 대한 우리의 불안감을 공유하게 한다면, 여러 명의 사람들이 그 문제를 해결하기 위해 함께 협력하는 것처럼 보인다. 그러나, 불안감은 단지 집중을 방해하는 것일 뿐이며 단지 어떤 문제에 대해 걱정하는 것은 사실은 우리가 결코 해결책을 찾지 못하리라는 것을 확실하게 한다. 그것은 걱정에 빠져 불안해하는 사람과 함께하는 것은 그들에게 전혀 도움이 되지 않는다는 것을 의미한다. 최고의 행동 방침은 차분히 있는 것이다.

구문해설 | [6행] And if we **get** others **to share** in our anxiety about something, …. ▶ 「get+목적어+to-v」 '~가 …하게 만들다'
[9행] … only worrying about a problem actually ensures
  (S)   (V)
[**that** we will never find a solution]. ▶ 주어가 동명사구이므로 단수 동사 ensures가 쓰였다. that 이하의 [ ]는 ensures의 목적어 역할을 하는 명사절이다.

02강 시제

pp. 12–15

QUIZ ▶

1 catches 2 was 3 gets 4 learn 5 has been 6 haven't spoken 7 had 8 had been 9 would 10 had made 11 heard 12 owns

해석 | 1 일찍 일어나는 새가 벌레를 잡는다. 2 슈바이처 박사는 1952년에 노벨상을 받았다. 3 식기 전에 이 수프를 먹자. 4 일단 사람들이 새로운 시스템을 이용하는 법을 배우면, 생산성은 향상될 것이다. 5 James는 전에 뉴욕에 세 번 가봤다. 6 나는 어제부터 그와 말하지 않고 있다. 7 내가 집에 도착했을 때 그녀는 이미 떠나고 없었다. 8 나는 교사가 되기 전에 간호사였다. 9 나는 Kelly가 피아노 경연 대회에서 일등 상을 받을 것을 알았다. 10 선생님께서는 내가 시험에서 실수했다고 말씀하셨다. 11 나는 전화벨이 울리는 소리를 들었다. 12 그는 이 책의 저작권을 소유하고 있다.

Check Up

1 could 2 changes 3 had 4 neglected
5 had taken place 6 felt 7 have counseled
8 continues

해석 | 1 그는 그날 밤에 내가 모든 것을 스스로 할 수 있다고 말했다. 2 우리의 상황이 바뀌면, 우리는 당신에게 배달을 재개해 달라고 전화할 것이다. 3 구조선이 도착했을 때쯤, 배는 이미 가라앉았다. 4 연습 기간이 끝날 때까지, 나는 다른 모든 것을 무시했다. 5 그 사고가 어디에서 일어났었는지 판단하기 어려웠다. 6 나는 공기 중에서 갑작스러운 한기를 느꼈고, 그 뒤에 불안한 정적이 이어졌다. 7 수년에 걸쳐서, 나는 일자리를 원하는 사람들에게 진취성을 보이라고 조언을 해주었다. 8 움직이는 물체는 어떤 힘이 그것을 멈추기 위해 사용되지 않는다면 계속 움직인다.

1 ③

문제해설 | (A) 회색 늑대가 사라지기 시작한 것이 엘크 개체 수가 늘어난 것보다 이전의 일이므로 과거(began)나 과거완료 시제(had begun)를 써야 한다.
(B) 수온이 상승하면서, 어종의 개체 수가 감소한 것이므로 앞 문장의 시제와 같은 과거 시제(declined)가 와야 한다.
(C) 조건의 부사절에서는 현재 시제가 미래 시제를 대신하므로, 현재 시제(respect)를 써야 한다.

해석 | 1900년대 초에, 미국의 Yellowstone 국립공원에서 회색 늑대가 사라지기 시작했고, 이것은 엘크 개체 수의 증가를 야기했다. 엘크는 나무의 잎들을 너무 많이 먹었고, 이는 강과 개울을 따라 생긴 (나무) 그늘을 감소시켰다. 이것은 수온을 증가시켜 공원에 있는 많은 어종의 개체 수가 감소했다. Yellowstone 생태계의 균형을 회복시키기 위해, 캐나다에서 데려온 66마리의 회색 늑대가 공원에 방생되었다. 결과적으로, 엘크의 수가 빠르게 감소했다. 이제, 생태계는 원래의 자연적인 균형을 되찾았다. 이 이야기는 전체 생태계의 건강을 위해 몇몇 종들이 얼마나 중요한지 보여준다. 우리가 모든 종을 똑같이 존중한다면, 우리는 계속해서 자연계를 즐길 수 있을 것이다.

구문해설 | [3행] The elk ate too many leaves from the trees, [which reduced shade along rivers and creeks]. ▶ which 이하의 [ ]는 앞 절 전체를 선행사로 하는 계속적 용법의 주격 관계대명사절이다.

2 ②

문제해설 | (A) 시간을 나타내는 부사절에서는 현재 시제가 미래 시제를 대신하므로, 현재 시제(is)를 써야 한다.
(B) 해안 지대의 서로 다른 부분들이 각자의 자기적 특징을 갖고 있다는 것은 과학적 · 일반적 사실이므로, 현재 시제(have)를 써야 한다. 또한, 소유의 의미로 쓰인 have는 진행형으로 쓸 수 없다.
(C) 주절이 과거 시제(discovered)이며 종속절의 내용이 주절과 같은

시점에 일어난 일이므로 과거 시제(were)를 써야 한다.

해석 | 많은 해양동물들은 자신의 새끼를 낳아야 할 때가 되면 그들이 태어났던 곳으로 다시 돌아갈 것이다. 한 가지 예는 바다거북인데, 연구자들이 알아낸 것은, 바다거북이 자신의 출생지로 돌아가기 위한 길을 찾기 위해 지구의 자기장을 이용한다는 것이다. 해안 지대의 서로 다른 부분들은 각자의 자기적 특징을 갖고 있다. 거북들은 이 특징을 기억하고 자신들의 고향 해변으로 돌아가서 짝짓기하고 새끼를 낳는다. 그러나, 지구의 자기장은 시간이 흐르면서 위치를 바꾼다. 연구자들은 거북이 그러한 변화를 알아차릴지도 모른다고 추측했고, 그들이 (바다거북의) 보금자리 자료를 살펴보았을 때 자신들이 옳았음을 알게 되었다. 자기적 특징이 더 멀리 떨어진 곳으로 이동한 지역에는 더 적은 수의 보금자리가 있었고 가까운 해변의 자기적 특징들이 모인 지역에는 더 많은 수의 보금자리가 있었다.

구문해설 | [1행] Many marine animals will make their way back to *the place* [(**where/that**) they were born] .... ▶ [ ]는 the place를 선행사로 하는 관계부사절로, the place 뒤에 관계부사 where 또는 that이 생략되었다.
[2행] One example is *sea turtles*, [**which**, *researchers have determined*, use the earth's magnetic field ...]. ▶ which 이하의 [ ]는 sea turtles를 선행사로 하는 계속적 용법의 주격 관계대명사절이고, 관계사절 내의 researchers have determined는 삽입절이다.

3 ③

문제해설 | ③ 과거의 특정한 시점부터 현재까지 계속되어 온 일을 나타내므로 현재완료 시제인 has gained를 써야 한다.

오답풀이
① 문맥상 일반적 사실을 나타내므로 현재 시제가 쓰였다.
② 과거 시제를 나타내는 부사구(a few years ago)가 있으므로 과거 시제가 쓰였다.
④ 불특정한 드론을 가리키므로 부정대명사 one이 쓰였다.
⑤ 앞에 나온 명사 a path의 반복을 피하기 위해 지시대명사 that이 쓰였다.

해석 | 드론 경주에서, 각 조종사는 시속 160킬로미터까지의 속도로 경로를 통해 드론을 조종한다. 드론 경주는 호주에서 몇 년 전에 아마추어 스포츠로 시작되었는데, 그때 조종사들은 소셜 미디어에서 대회 동영상을 공유하기 시작했다. 드론 경주는 처음에는 팬들이 거의 없었지만, 이 스포츠는 드론 가격이 더 저렴해지면서 더 많은 관심을 끌어왔다. 올해, 약 3백만 대의 드론이 미국에서 판매될 것이다. 그리고 누군가 드론을 사면, 그들은 보통 그것을 그저 집 위로 날리는 것보다 더 신나는 무언가를 하고 싶어 한다. 어떤 사람들은 드론 경주가 e스포츠와 비슷한 양상을 따를 것이라고 믿는데, 이 e스포츠 또한 소규모로 시작되었지만, 현재 엄청나게 인기 있다.

구문해설 | [8행] ... that drone racing could follow a path similar to **that** of e-sports, [**which** also started small but is now hugely popular]. ▶ that은 a path를 가리키는 지시대명사로 쓰였

다. which 이하의 [ ]는 e-sports를 선행사로 하는 계속적 용법의 주격 관계대명사절이다.

4 ④

문제해설 | ④ 상태를 나타내는 동사 resemble은 진행형으로 쓸 수 없으므로 현재 시제 resembles를 써야 한다.

오답풀이
① 과거부터 현재까지 계속되어 온 것을 나타내므로 현재완료 시제가 쓰였다.
② 과거 시제를 나타내는 부사구(several years ago)가 있으므로 과거 시제가 쓰였다.
③ 일반적 사실을 나타내므로 현재 시제가 쓰였다.
⑤ 문맥상 비용이 '지급되는' 것이므로 수동태인 is paid가 쓰였다.

해석 | 랜섬웨어는 지난 몇 년간 기업들에 있어 더 큰 우려가 되어 왔다. 사실상, 랜섬웨어의 영향을 받은 사람들의 총수는 수년 전에 2백만 명을 뛰어넘었다. 랜섬웨어 공격은 주로 이메일을 통해 발생하고, 랜섬웨어가 컴퓨터 시스템을 감염시킬 때, 그것은 사용자가 공격을 한 사람에게 비용을 지불할 때까지 파일을 잠근다. 다행히도, 많은 회사가 이 비용을 지급하지 않고 그들의 파일에 접속할 수 있다. 하지만, 이에 대응하여, 사이버 범죄자들은 독스웨어라고 불리는 훨씬 더 위험한 위협을 만들어 냈다. 독스웨어는 랜섬웨어와 비슷하지만, 파일을 잠그는 것 외에, 또한 대화와 사진을 포함한 개인 정보에 접속한다. 그것은 비용이 지급되지 않으면 이 정보를 공개하겠다고 협박한다. 랜섬웨어와 독스웨어 둘 다 더 흔해지고 있기 때문에, 개인과 기업은 보안을 우선시해야 한다.

구문해설 | [7행] ... , cybercriminals have created an **even** more dangerous *threat*, [*called* doxware]. ▶ even은 '훨씬'의 의미로 비교급(more dangerous)을 수식하는 부사로 쓰였다. called 이하의 [ ]는 threat를 수식하는 과거분사구이다.
[10행] It threatens to make this information public ... .
　　　　　　　　　　　　 V　　　　　O　　　　　　O.C.
▶ 「make+목적어+형용사」는 '~가 …하게 하다'라는 의미이다.
[11행] **As** both ransomware and doxware become ... . ▶ As는 이유를 나타내는 접속사로 쓰였다.

03강 수동태

pp. 16 – 19

QUIZ

1 was built　　2 are released　　3 was embarrassed
4 were excited　　5 was run over　　6 be carried out
7 from　　8 with　　9 is said　　10 is believed
11 resembles　　12 appeared

해석 | 1 이 아파트는 15년 전에 지어졌다. 2 많은 새로운 영화들이 매년 개봉된다. 3 그녀는 그의 질문에 당황했다. 4 그들은 자신들의 새로운 발견에 흥분했다. 5 작은 개가 오토바이에 치였다. 6 그 프로젝트는 여러 명의 전문가들에 의해 수행되어야 한다. 7 와인은 포도로 만들어진다. 8 나는 내 시험 점수에 만족한다. 9 그 소문은 거짓이라고 전해진다. 10 Jennifer가 그녀의 아이들을 위험에서 구했다고 여겨진다. 11 Tony는 그의 아빠를 닮았다. 12 그 배우가 마침내 무대에 등장했다.

Check Up

1 of　　2 is prohibited　　3 was not allowed
4 be trusted　　5 was considered　　6 was surprised
7 is won　　8 were made

해석 | 1 공은 처음에 끈으로 한데 묶인 풀이나 나뭇잎으로 만들어졌다. 2 흡연은 모든 Smithsonian 시설물에서 금지된다. 3 그는 장교가 되고 싶었지만, 그가 재단사의 아들이었기 때문에 허용되지 않았다. 4 아무도 신뢰해서는 안 된다고 믿는 몇몇 사람들이 있다. 5 Giorgio Vasari는 화가보다는 건축가로 더 성공했다고 여겨졌다. 6 나는 조련사들이 점심시간에 자신들의 바다사자들과 함께 일광욕하는 것을 보고 놀랐다. 7 성공한 사람들은 경기에서 이길 때까지 경기에 계속 남아있는 것의 가치를 배웠다. 8 그 가족들은 소음 때문에 괴로워서, 시청에 항의했다.

READ & APPLY　　　　pp. 18 – 19

1 ⑤　　　2 ③　　　3 ④　　　4 ①

1 ⑤

문제해설 | ⑤ '~에 만족하다'라는 의미의 수동태 구문은 「be satisfied with」로, 전치사 by가 아닌 with를 쓴다.

오답풀이
① 문맥상 '알려져 왔다'라는 의미이므로 현재완료 수동태가 쓰였다.
② 「be believed to-v」 '~로 여겨지다'
③ 과거부터 현재까지의 일을 나타내므로 현재완료 시제가 쓰였다.

④ that은 주격 보어로 쓰인 절을 이끄는 접속사로 쓰였다.

해석 | 여성이 남성보다 평균적으로 더 오래 산다고 알려져 왔다. 그리고 흡연은 일반적으로 남성의 더 짧은 수명의 주요 원인 중 하나로 여겨진다. 역사상 남성은 여성보다 훨씬 높은 비율로 담배를 피워서 심장병 및 폐암과 같은 흡연 관련 질병으로 사망할 가능성이 더 크다. 여성 흡연은 남성 흡연과 같은 수준의 빈도로 성장한 적이 없어서 여성은 이러한 피할 수 있는 질병으로 사망할 가능성이 더 작다. 다행인 것은 많은 남성이 최근 몇 년간 담배를 끊기로 해서 남성의 기대 수명이 결과적으로 증가하고 있다는 것이다. 금연하는 것은 많은 남성이 만족해하는 건강상의 이점을 가져다주었으며, 남성과 여성의 수명 격차는 줄어들고 있다.

구문해설 | [1행] **It** has been known [**that** women live longer than men on average]. ▶ It은 가주어이고 that 이하의 [ ]가 진주어이다.

[9행] **Quitting smoking has** resulted in *health benefits* [*that many men have been satisfied with*], and **the gap** *between the life spans of men and women* **is** narrowing. ▶ 첫 번째 주어가 동명사구(Quitting smoking)이므로 단수 동사 has가 쓰였다. that 이하의 [ ]는 선행사 health benefits를 수식하는 목적격 관계대명사절이다. 두 번째 주어는 전치사구(between ... women)의 수식을 받는 the gap이므로 단수 동사 is가 쓰였다.

2 ③

문제해설 | ③ 'People think that it lowers bad cholesterol and ... .'라는 문장에서 that절의 주어를 수동태 문장의 주어로 만든 것이므로 동사는 is thought가 되어야 한다.

오답풀이
① that절의 주어 olive oil이 '사용되어야 하는' 것이므로 수동태가 쓰였다.
② 주어가 if절 이하의 내용에 대해 질문을 '받은' 것이므로 수동태가 쓰였다.
④ 문맥상 harmful chemicals가 '사용되는' 것이므로 수동태가 쓰였다.
⑤ to avoid 이하가 종속절의 진주어이므로 가주어 it이 쓰였다.

해석 | 많은 영양 안내서들은 올리브유가 건강한 식단에서 지방의 주요 공급원으로 사용되어야 한다고 말한다. 영양사로서, 나는 카놀라유가 건강에 좋지 않은지 질문을 받은 적이 있다. 이 문제에 관해 논쟁이 있어 왔다. 카놀라유에는 불포화 지방이 풍부하기 때문에, 그것은 나쁜 콜레스테롤을 줄여주고 심장병의 위험을 줄여준다고 여겨진다. 그러나 어떤 사람들은 미국에서 재배되는 카놀라의 약 90%가 유전자가 조작되고 카놀라 씨앗을 가공하는 과정에서 유해한 화학 물질이 사용되기 때문에 건강에 좋지 않다고 생각한다. 확실한 답은 없지만, 많은 사람들은 유전자가 조작된 카놀라유를 피하는 것이 더 좋다는 데 동의한다.

구문해설 | [7행] ... harmful chemicals are used [**while processing** canola seeds]. ▶ while processing 이하의 [ ]는 때를 나타내는 분사 구문으로 의미를 분명히 하기 위해 접속사 while을

생략하지 않았다.

3 ④

문제해설 | ④ 문맥상 동물이 '감염된' 것이므로 현재완료 수동태 has been infected로 써야 한다.

오답풀이
① 주격 관계대명사 that의 선행사인 a highly contagious disease가 '영향을 미치는' 것이므로 능동태가 쓰였다.
② 문맥상 FMD가 '야기되는' 것이므로 수동태가 쓰였다.
③ 조동사 can 뒤에는 동사원형이 와야 한다.
⑤ 문맥상 주어인 immunity가 '보호하지 않는다'는 것이므로 능동태가 쓰였다.

해석 | 구제역, 즉 FMD는 돼지, 양, 그리고 소를 포함하여, 발굽이 갈라진 동물들에 영향을 미치는 전염성이 매우 강한 질병이다. FMD는 감염된 동물들의 호흡, 침, 소변, 그리고 다른 배설물에서뿐만 아니라 그것들의 세포 조직에 사는 바이러스에 의해 야기된다. 적정한 조건에서, 이 바이러스는 그 환경에서 여러 달을 생존할 수 있다. 이 질병의 증상은 보통 동물이 감염된 후에 2일에서 14일 이내에 나타난다. FMD 바이러스는 예방하기가 매우 어려운데, 7가지의 일반형과 60개 이상의 아류형이 있고 한 가지 일반형이나 아류형에 대한 면역력이 다른 것으로부터 동물을 보호하지 않기 때문이다. 이 때문에, FMD는 동물 사육자들에게 주요한 걱정거리이다.

구문해설 | [3행] FMD is caused by *a virus* [**that** lives in the tissues of infected animals *as well as* in their breath, ...]. ▶ that 이하의 [ ]는 a virus를 선행사로 하는 주격 관계대명사절이다. 「A as well as B」는 'B뿐만 아니라 A도'의 의미이다.
[7행] The FMD virus is very *difficult* **to prevent** ... . ▶ to prevent는 형용사 difficult를 수식하는 부사적 용법의 to부정사로 '~하기에'라는 의미를 나타낸다.

4 ①

문제해설 | (A) 문맥상 증강 현실이 '사용되는' 것이므로 수동태 is used가 적절하다.
(B) 문맥상 증강 현실이 '경험되는' 것이므로 과거분사 experienced가 적절하다.
(C) 자동사 appear는 수동태로 쓸 수 없으므로 appear가 적절하다.

해석 | 증강 현실은 가상 이미지와 소리를 포함하는 컴퓨터로 만들어 낸 현실 세계의 모습이다. 증강 현실이 사용되는 방법은 두 가지의 주요 범주로 나뉜다. 첫 번째로, 몇몇 증강 현실 프로그램들은 개인의 환경과 관련된 맥락 관련 정보를 보여준다. 예를 들어, 한 증강 현실 브라우저는 당신이 스마트폰의 카메라로 건물을 가리킬 때 그 건물의 역사나 심지어 감정가를 보여줄지도 모른다. 증강 현실이 보통 경험되는 다른 방법은 모바일 게임을 통해서이다. 이 방법의 가장 유명한 예 중 하나는 포켓몬 고이다. 이 게임에서 당신이 전화기

의 게임 인터페이스를 통해 당신의 주변을 볼 때 가상의 포켓몬이 나타난다.

구문해설 | [1행] Augmented reality is *a computer-generated view* of the real world [**that** incorporates virtual images and sounds]. ▶ that 이하의 [ ]는 a computer-generated view를 선행사로 하는 주격 관계대명사절이다.

[2행] *The ways* [**in which** augmented reality is used] fall
S — in which 이하의 [ ]는 The ways V

into two main categories. ▶ in which 이하의 [ ]는 The ways 를 선행사로 하는 목적격 관계대명사절이다.

04강 to부정사

pp. 22 – 25

QUIZ

1 to visit　2 not to be　3 to fasten　4 to tell
5 of　6 for　7 to take　8 to meet　9 to be
10 to pass by　11 to eat　12 to save　13 do
14 sing

해석 | 1 지금이 파리를 방문하기 가장 좋은 때이다. 2 이 세부사항은 간과되어서는 안 된다. 3 차 안에서 안전벨트를 매는 것은 필수이다. 4 그는 진실을 말하는 것이 자신의 의무라고 믿었다. 5 저를 초대해주시다니 매우 친절하시군요. 6 내 남동생이 자신의 방을 청소하는 것은 드문 일이다. 7 내일 너를 음악회에 데려가겠다고 약속할게. 8 나는 왜 그녀가 그와 만나는 것을 거절했는지 이해한다. 9 그 보석은 모조품으로 밝혀졌다. 10 Mary는 우연히 Jack의 사무실을 지나갔다. 11 그가 네게 태국 음식을 먹으라고 말했니? 12 이 정책은 사람들이 더 많은 돈을 저축하도록 장려한다. 13 Laura는 내가 설거지를 하게 시켰다. 14 나는 오늘 아침에 누군가가 노래하는 것을 들었다.

Check Up

1 to select　2 try　3 to prepare　4 to open
5 play　6 to get　7 not to work

해석 | 1 혼자 힘으로 알맞은 식이요법을 선택하는 것은 어렵다. 2 나는 지하철을 탄 한 남자가 지하철에서 내리려다가 실패한 것을 보았다. 3 Rosalyn은 어머니께 자신의 생일에 특별한 음식을 준비해 달라고 부탁했다. 4 그는 자리에서 일어나 문 앞에 서서 문이 열리기를 기다렸다. 5 많은 부모들이 그들의 자녀들이 장난감 총을 가지고 놀게 하지 않겠다고 말했다. 6 휴식 시간의 부

족은 당신이 공부한 것을 최대한 활용하는 것을 어렵게 만든다. 7 특히 프랑스인들은 그들의 휴가 시간을 가치 있게 여기며 초과 근무하지 않는 것을 선호한다.

READ & APPLY　　　　pp. 24 – 25

1 ③　　2 ②　　3 ②　　4 ①

1 ③

문제해설 | ③ 동사 train은 목적격 보어로 to부정사가 와야 하므로 to sit down을 써야 한다.
오답풀이
① An effective way를 수식하는 형용사적 용법의 to부정사이다.
② 「encourage+목적어+to-v」 '~가 …하도록 격려하다'
④ 진주어 역할을 하는 명사적 용법의 to부정사구가 쓰였다.
⑤ 동사 start의 목적어로 쓰인 명사적 용법의 to부정사이다.

해석 | 당신의 개에게 특정 행동을 가르치는 효과적인 방법은 '포착하는 것'을 통해서이다. 포착하는 것은 당신의 개가 명령을 받지 않고 수행하는 행동을 확인하고 보상하는 것을 포함하고, 그것은 당신의 개가 같은 행동을 또다시 반복하게 한다. 예를 들어, 당신이 당신의 개가 앉도록 훈련하려고 한다면, 당신의 개가 스스로 그렇게 할 때까지 기다려라. 그리고 나서, 즉시 말로 격려의 신호와 장난감이나 맛있는 것 같은 보상을 줘라. 당신의 개가 계속 앉아 있기 시작할 때, 당신의 개가 앉아 있는 동안 '앉아'라는 단어를 말해라. 이러한 포착하는 과정을 가능한 한 자주 겪는 것이 가장 좋다. 시간이 지나면서 당신의 개는 보상을 받기 위해 (당신이) 원하는 행동을 자발적으로 수행하기 시작할 것이다.

구문해설 | [2행] Catching involves identifying and rewarding *actions* [**that** your dog performs without *being commanded*], … . ▶ that 이하의 [ ]는 actions를 선행사로 하는 목적격 관계대명사절이다. 전치사 without의 목적어로 (동)명사가 와야 하고 문맥상 개가 '명령을 받지 않는' 것이므로 동명사의 수동태 being commanded가 쓰였다.

2 ②

문제해설 | ② 사역동사 make는 목적격 보어로 동사원형이 와야 하므로 spin을 써야 한다.
오답풀이
① 주어 The function of a wind turbine을 보충 설명하는 주격 보어로 명사적 용법의 to부정사가 쓰였다.
③ remain은 형용사를 보어로 갖는 자동사이며, 문맥상 주어 the turbine tower가 '영향을 받지 않은' 것이므로 과거분사 형태의 unaffected가 보어로 쓰였다.
④ 문맥상 목적을 나타내야 하므로 부사적 용법의 to부정사가 쓰였다.
⑤ 주어 both가 복수의 의미를 지니므로 복수 동사(use)가 쓰였다.

해석 | 풍력 터빈의 기능은 풍력을 전력으로 바꾸는 것이다. 강한 바람은 전력 생산에 좋다고 여겨지지만, 풍속이 너무 강해서는 안 된다. 과도한 풍속은 터빈의 날개를 너무 빠르게 회전시키고, 이는 날개가 떨어져 나가게 만들 수 있다. 게다가, 터빈의 탑은 그러한 상태에서는 영향을 받지 않을 수 없어서 손상될 수도 있다. 터빈의 손상을 막기 위해, 'furling'이라고 불리는 기계적인 제동 시스템이 사용된다. furling은 (터빈의) 날개가 바람의 방향으로부터 빗겨 나가게 함으로써 터빈의 날개가 너무 빠르게 회전하는 것을 막는다. furling 시스템은 수동 혹은 자동일 수 있는데, 둘 다 바람이 위험할 정도로 강할 때 터빈의 날개를 (바람의 방향으로부터) 돌려놓는 동일한 방법을 사용한다.

구문해설 | [4행] ... too fast, [**which** can *cause them to tear off*]. ▶ which 이하의 [ ]는 앞 절 전체를 선행사로 하는 계속적 용법의 주격 관계대명사절이다. 「cause+목적어+to-v」는 '~가 …하게 만들다'의 의미이다.

[7행] Furling **prevents turbine blades from spinning** too quickly ... . ▶ 「prevent+목적어+from v-ing」는 '~가 …하는 것을 막다'의 의미이다.

3 ②

문제해설 | ② 사람의 성질이나 상태를 나타내는 형용사가 쓰인 경우를 제외한 to부정사의 의미상 주어는 「for+목적격」의 형태로 써야 한다.

오답풀이
① 「allow+목적어+to-v」 '~가 …하게 하다'
③ 목적을 나타내는 부사적 용법의 to부정사이다.
④ 문맥상 이빨 사이에 '낀' 음식물을 먹는 것이므로 과거분사가 쓰였다.
⑤ 지각동사 see의 목적격 보어로 동사원형이 쓰였다.

해석 | 동물들은 생존하기 위해 필요한 일들을 하지만, 어떤 물고기들은 보통 자신들이 잡아먹을 다른 물고기들을 해치지 않고 그 물고기들이 청소 작업을 수행하게 한다. 이 현상은 '정화 공생'이라고 알려져 있다. 다른 물고기들을 잡아먹은 후에, 포식자들의 이빨에 음식 찌꺼기가 끼어 있는 것은 흔한 일이다. 이것은 질병이나 먹는 데 방해가 될 수 있는 물질의 축적을 초래할 수 있다. 그러나 다른 물고기들의 이빨을 청소하기 위해 존재하는 몇몇 작은 물고기들이 있다. 그들은 포식자들의 입속으로 헤엄쳐 들어가서 그들의 이빨 사이에 끼어 있는 음식물을 먹는다. 포식자들은 이 과정이 진행되는 동안 입을 다물지 않는다. 양쪽 물고기들의 행동들은 그들의 생존 본능에 어긋나지만, 포식자들이 인내심을 가지고 그들의 입이 청소되기를 기다리는 걸 보는 것은 흔한 일이다.

구문해설 | [1행] Animals do [**what** is necessary to survive], but some fish allow other fish [(*which/that*) they would normally eat] ... . ▶ what 이하의 [ ]는 선행사를 포함하는 관계대명사절로, 동사 do의 목적어 역할을 한다. 두 번째 [ ]는 other fish를 선행사로 하는 목적격 관계대명사절로 관계대명사 which 또는 that이 생략되었다.

[10행] ... , yet **it** is common [**to see** predators patiently wait to *have their mouths cleaned*]. ▶ it은 가주어이고 to see 이하의 [ ]가 진주어이다. 「have+목적어+v-ed」는 '~가 …되도록 하다'의 의미이다.

4 ①

문제해설 | ① 동사 expect는 목적격 보어로 to부정사가 와야 하므로 to be를 써야 한다.

오답풀이
② 「It is not until ~ that ...」 '~가 되어서야 비로소 …하다'
③ 목적을 나타내는 부사적 용법의 to부정사가 쓰였다.
④ start는 목적어로 to부정사와 동명사 모두 쓸 수 있다.
⑤ 과거의 특정 시점에서 현재까지 이루어지고 있는 일을 나타내고 있으므로 현재완료 시제(has grown)가 쓰였다.

해석 | 1957년에 두 명의 엔지니어, Al Fielding과 Marc Chavannes가 버블랩을 발명했다. 그들은 그들의 발명품이 포장재로 사용될 것이라고 예상하지 못했는데, 그것은 처음에 벽지로 제작되었기 때문이다. 그들은 1960년에 자신들의 회사인 Sealed Air 사(社)를 설립했지만 몇 년 후에야 비로소 버블랩의 유용한 (물건을) 보호하는 특성이 발견되었다. IBM이 최초의 컴퓨터 중 하나를 만들었을 때 버블랩 제작자들은 그들의 상품이 수송 과정에서 컴퓨터를 보호하는 데 사용될 수 있다는 것을 깨달았다. (상품의) 시연 후에, IBM은 그들의 모든 상품을 보호하기 위해 버블랩을 구매하기 시작했다. 그때 이후로 Sealed Air 사(社)는 연 매출이 약 48억 달러에 달하는 성공한 회사로 성장했다.

구문해설 | [7행] ... their product **could be used** to protect the computers ... . ▶ 문맥상 their product가 '사용되는' 것이므로 수동태가 쓰였다. 조동사가 있는 문장의 수동태는 「조동사+be v-ed」의 형태로 쓴다.

05강 동명사

pp. 26 – 29

QUIZ

1 watching　　2 helps　　3 not calling　　4 his
5 talking　　6 closing　　7 to buy　　8 throwing
9 traveling　　10 accepting　　11 being criticized
12 being appointed　　13 getting away　　14 playing

해석 | 1 나는 공포 영화 보는 것을 좋아한다. 2 책을 많이 읽는 것은 지식을 쌓는 데 도움이 된다. 3 네 생일에 전화를 못 해서 미안

해. 4 나는 요즘 그가 게으른 것을 이해할 수 없다. 5 Jane은 자신에 관해 이야기하는 것을 피했다. 6 네 뒤에 있는 문 좀 닫아 주겠니? 7 우리는 표를 살 것을 잊었고, 지금은 표가 다 팔렸다. 8 너는 바닥에 쓰레기 버리는 것을 멈춰야 한다. 9 Jason은 혼자 여행하는 것에 익숙하다. 10 Amy는 새로운 규칙을 받아들이는 것을 반대했다. 11 대부분의 사람들은 다른 사람에게 비난받는 것을 싫어한다. 12 나는 새로운 관리자로 임명되어서 매우 기쁘다. 13 나는 사무실에서 벗어나고 싶다. 14 게임을 하는 데 많은 시간을 보내지 마라.

Check Up

1 expressing   2 being   3 Walking   4 hearing
5 living   6 installing   7 collecting

해석 | 1 패션은 우리의 개성을 표현하는 아주 좋은 방법이다. 2 비다사자들은 자신들이 아는 사람들에게 우호적이었으며 그들과 함께 있는 것을 즐겼다. 3 걷기는 몇 분간 운동할 수 있는 가장 쉬운 방법 중 하나다. 4 나는 Canton 시가 2차 세계대전 중에 독일군의 주요 미국 표적이었다고 선생님께 들은 것을 기억한다. 5 이 현대 세계에서 사람들은 불편하게 사는 것에 익숙하지 않다. 6 그 도시는 가능한 한 빨리 신호등을 설치하는 것을 고려해야 한다. 7 그는 그가 생각하기에 자신을 향상하는 데 도움이 될 것 같은 자료를 수집하는 데 몇 시간을 보냈다.

READ & APPLY   pp. 28 - 29

1 ①   2 ⑤   3 ③   4 ⑤

1 ①

문제해설 | ① 「have difficulty (in) v-ing」 '~하는 데 어려움을 겪다'
오답풀이
② 선행사를 포함하는 관계대명사로 동사 use의 목적어 역할을 하는 명사절을 이끈다.
③ 문맥상 뇌가 '유지되어야' 하는 것이므로 수동태가 쓰였으며 조동사 뒤에는 동사원형이 와야 하므로 「조동사+be v-ed」의 형태가 쓰였다.
④ 동사 become은 '~이 되다'의 의미로 보어로 형용사가 쓰였다.
⑤ 동사 keep의 목적격 보어로 형용사가 쓰였다.

해석 | 당신의 뇌는 충분히 운동하고 있는가? 당신은 죽어가는 뇌세포 때문에 뭔가를 기억하는 데 어려움이 있다고 생각할 수도 있지만, 더 그럴듯한 이유는 단순히 뇌의 사용 부족이다. 연구들에 따르면 우리의 뇌는 40~60세 사이가 전성기이다. 성숙한 성인으로서, 당신은 학교에서 배웠던 모든 정보를 기억하지 못할 수도 있지만, 당신이 기억하는 것을 활용할 더 좋은 상황에 있다. 그럼 왜 어떤 나이 든 사람들은 그렇게 많은 것들을 잊어버리는 걸까? 근육처럼, 뇌는 건강한 상태로 유지되어야 한다. 일상생활의 틀에 갇히면 뇌는 나태해지고 약해질 수 있다. 그러므로 당신은 뇌를 건강하게 유지하기 위해 정기적으로 그것을 자극해야 한다. 당신은 퍼즐로 뇌를 사용함으로써 이를 쉽게 할 수 있다.

구문해설 | [5행] ... all the information [(that) you learned in school], but you're in a better place [to use ...]. ▶ 첫 번째 [ ]는 all the information을 선행사로 하는 목적격 관계대명사절로 관계대명사 that이 생략되었다. to use 이하의 [ ]는 a better place를 수식하는 형용사적 용법의 to부정사구이다.

2 ⑤

문제해설 | ⑤ 문맥상 독감 백신을 '접종하는 것을 잊지 마라'라는 의미이므로 「don't forget to-v」의 형태가 되도록 to get을 써야 한다.
오답풀이
① 주격 관계대명사 that은 The amount (of virus)를 선행사로 하므로 단수 동사 settles가 쓰였다.
② the most common ways를 수식하는 형용사적 용법의 to부정사이다. 문맥상 '감염이 되는' 것이므로 「to be v-ed」 형태가 쓰였다.
③ 주어로 쓰인 동명사이다.
④ 전치사 from의 목적어로 쓰인 동명사이다.

해석 | 감기 및 독감 바이러스는 의류와 같은 부드러운 표면보다 플라스틱과 같은 딱딱한 표면에 떨어지면 더 오랜 기간 동안 생존할 수 있다. 표면에 남아 있는 바이러스의 양과 환경의 습도 및 온도는 이러한 바이러스가 숙주 외부에서 얼마나 오래 생존할 수 있는지에 중요한 역할을 한다. 감염된 사람의 바이러스가 가득한 침방울의 직접적인 접촉이나 흡입은 감염이 되는 가장 일반적인 방법이다. 또한, 감염된 사람의 타액이 묻은 물체를 만진 후에 독감에 걸릴 가능성은 작지만 가능은 하다. 자신을 보호하려면 비누와 물로 손을 씻는 것이 첫 번째 행동 계획이어야 한다. 또한 자신의 얼굴을 만지지 않도록 한다. 훨씬 더 중요하게는, 매년 독감 백신을 접종하는 것을 잊지 마라.

구문해설 | [4행] ... play a significant role in [**how long** these viruses can stay alive outside of a host]. ▶ how long 이하의 [ ]는 전치사 in의 목적어로 쓰인 의문사절이다.
[7행] It's also possible, though less likely, [**to catch** the flu after touching *an object* {that has an infected person's saliva on it}]. ▶ It은 가주어이고 to catch 이하의 [ ]가 진주어이다. that 이하의 { }는 an object를 선행사로 하는 주격 관계대명사절이다.

3 ③

문제해설 | ③ 문장의 주어가 동명사구(Focusing on non-facial clues)이므로, 단수 취급하여 단수 동사 helps를 써야 한다.
오답풀이
① it은 가목적어이고 to recognize 이하가 진목적어이다.
② 부사 easily가 동사 imagine을 수식한다.
④ 문맥상 문제가 '경험되는' 것이므로 과거분사가 쓰였다.
⑤ 동사 seem은 보어로 to부정사(구)를 쓴다.

해석 | 안면인식장애는 사람들이 전에 만난 다른 사람들의 얼굴을 알아보는 것을 어렵게 한다. 극단적인 경우에는, 안면인식장애가 있는 사람은 심지어 가족 구성원조차 알아보지 못할 수도 있다. 게다가 환자들은 그들의 머릿속에 있는 사람들의 모습을 쉽게 떠올릴 수 없다. 머리 모양과 목소리와 같은 얼굴 외의 단서들에 초점을 맞추는 것은 그들이 다른 사람들을 알아보는 것을 돕는다. 이런 사람들이 자주 경험하는 한 가지 문제는 영화에 나오는 한 배우와 다른 배우를 구별하지 못하는 것인데, 이것은 줄거리를 이해하기 어렵게 만든다. 안면인식장애는 흔히 뇌졸중과 같은 뇌 손상의 결과로 나타난다. 하지만 몇몇 경우들은 유전적인 것으로 보인다.

구문해설 | [6행] ... is *the inability* [**to *distinguish*** one actor *from* another in a movie], {***making*** *it* difficult [*to follow* the plot]}.
▶ to distinguish 이하의 [ ]는 the inability를 수식하는 형용사적 용법의 to부정사구이다. 「distinguish A from B」는 'A를 B와 구별하다'의 의미이다. making 이하의 { }는 결과를 나타내는 분사 구문이며 it은 가목적어이고 to follow 이하의 [ ]가 진목적어이다.

4 ⑤

문제해설 | (A) 전치사 of의 목적어로 동명사구가 쓰였으며 문맥상 의미상 주어 paper books와 동사 replace가 수동의 관계이므로 동명사의 수동태 being replaced를 써야 한다.
(B) 「be used to v-ing」 '~하는 것에 익숙하다'
(C) 문장의 주어가 Another attraction (of printed books)이므로 단수 동사 is를 써야 한다.

해석 | 전자책의 등장에도 불구하고, 종이책이 영원히 대체될 위험은 아마도 없을 것이다. 오랜 전통의 일부여서, 인쇄된 책들은 익숙함이라는 이점을 가지고 있다. 독자들은 인쇄된 책들의 페이지를 넘기고, 친구들과 그것들을 공유하고 교환하며, 서점에서 그것들을 훑어보고, 정성 어린 선물로 그것들을 서로에게 주는 것에 익숙하다. 인쇄된 책들의 또 다른 매력은 그것들이 수집하기가 좋다는 것이다. 전자책으로 가득 찬 컴퓨터 파일을 여는 것은 당신이 수년간 읽어 온 서적으로 가득 찬 책꽂이를 살펴보는 시각적 만족감을 전혀 주지 못한다.

구문해설 | [2행] [(**Being**) Part of a long tradition], ... ▶ [ ]는 Being이 생략된 분사 구문으로, As they are part of a long tradition으로 바꿔 쓸 수 있다.
[7행] [**Opening** a computer file full of e-books] simply cannot provide ... *books* [(*which/that*) you've read over the years].
▶ Opening 이하의 [ ]는 주어로 쓰인 동명사구이다. 두 번째 [ ]는 books를 선행사로 하는 목적격 관계대명사절로 관계대명사 which 또는 that이 생략되었다.

06강 분사

QUIZ

1 talking	2 wounded	3 fixed	4 crying
5 Feeling	6 Turning	7 being	8 listening
9 Stuck	10 Excited	11 folded	12 staring

해석 | 1 Smith 씨에게 이야기하고 있는 그 소녀는 누구입니까? 2 나는 길에서 상처 입은 고양이를 보았다. 3 그녀는 자신의 낡은 컴퓨터를 고쳤다. 4 내 여동생이 울면서 침실 안으로 들어왔다. 5 피곤해서, 나는 잠시 휴식을 취했다. 6 왼쪽으로 돌면, 너는 그 건물을 보게 될 것이다. 7 밖이 추워서, 우리는 집에 머무르기로 했다. 8 연설을 듣는 동안, 나는 몇 가지를 적었다. 9 차가 막혀서, 나는 회의에 늦었다. 10 여행 때문에 들떠서, 나는 한숨도 못 잤다. 11 팔짱을 낀 채로 나에게 이래라저래라 명령하지 마라. 12 모두가 그를 바라보는 가운데 그는 사무실로 걸어 들어왔다.

Check Up

| 1 exposed | 2 balanced | 3 looking | 4 dedicated |
| 5 touched | 6 asked by | 7 left | 8 Believing |

해석 | 1 산림 벌채는 토양을 혹독한 날씨에 노출되게 했다. 2 옥수수와 콩은 함께 고기 없이도 균형 잡힌 식단을 만든다. 3 당신은 손바닥 크기만 한 전화기로 서로를 보면서 실시간으로 서로 대화할 수 있다. 4 The Nature Foundation은 우리의 자연환경 보존에 전념하는 세계적인 기구이다. 5 Hobbes는 마음이 움직여서 즉시 그 남자에게 후한 선물을 주었다. 6 할머니에게 질문을 받았을 때, 나는 "네, 전 굉장한 변화가 일어났음을 정말로 느끼고 있어요."라고 대답했다. 7 10초가 남은 상태에서 Jim은 왼손에 있는 공의 균형을 잡고 슛을 했다. 8 당신의 작품이 완벽해야 한다고 믿기 때문에 당신은 점차 그것을 할 수 없다고 확신하게 된다.

READ & APPLY pp. 32 – 33

| 1 ② | 2 ③ | 3 ② | 4 ④ |

1 ②

문제해설 | (A) 문맥상 '발행된' 소식지이므로 과거분사 printed가 적절하다.
(B) 문맥상 자동화 서비스를 이용하는 것이 '~하게 해주는' 것이므로 능동의 의미의 현재분사 allowing이 적절하며 allowing 이하는 부대상황을 나타낸다. 「allow+목적어+to-v」 '~가 …하게 하다'
(C) 문맥상 목적어 competitors와 능동 관계이므로 현재분사 making

이 적절하다. 「with+목적어+v-ing」 '~가 …하면서'

해석 | 드립 마케팅은 끊임없이 계속되는 마케팅 메시지를 필요로 하는 광고의 일종이다. 이 메시지는 이메일과 소셜 미디어 게시글에서 전화와 발행된 소식지에 이르기까지 모든 것을 포함할 수 있다. 드립 마케팅은 흔히 자동화 서비스를 활용하고, 회사들이 잠재 고객을 발견하면 바로 메시지를 보낼 수 있게 해준다. 회사들은 또한 소셜 미디어 게시글이 정기적으로 발행될 수 있도록 일정을 잡을 수 있다. 회사들은 드립 마케팅이 유용하다고 여기는데, 이 마케팅은 소비자들이 회사를 잊지 않게 해주기 때문이다. 이러한 꾸준히 이어지는 광고 없이는, 드립 마케팅을 이용하지 않는 회사들은 고객들에게 잊혀질 위험 부담이 있다. 그 사이 경쟁자들이 드립 마케팅을 잘 활용하면서 그들은 심지어 잠재 고객마저도 잃을지 모른다.

구문해설 | [6행] Companies can also schedule social media posts **so that** they are published on a regular basis. ▶ 「so that」은 '~하기 위해서'라는 의미로 목적을 나타낸다.
[9행] ... , companies who don't use drip marketing **risk** *being forgotten* by their customers. ▶ 「risk v-ing」는 '~할 위험이 있다'라는 의미이다. 문맥상 주어인 companies가 '잊혀지는' 것이므로 동명사의 수동태가 쓰였다.

2 ③

문제해설 | (A) excellent wood cutters가 나무를 사용하는 주체이므로 능동의 의미의 현재분사 using을 써야 한다.
(B) 접속사를 생략하지 않은 분사 구문으로, 문맥상 주어 a dam과 동사 finish가 수동의 관계이므로 과거분사 finished를 써야 한다.
(C) 문맥상 집의 입구가 '노출된' 것이므로 수동의 의미의 과거분사 exposed를 써야 한다. 「have+목적어+v-ed」 '~가 …되게 하다'

해석 | 비버들은 주식이 나무껍질인 수중 포유동물이다. 그들은 나무를 굉장히 잘 자르는데, 먹이를 위해서뿐만 아니라 댐을 만들기 위해서도 자기들이 갉아 쓰러뜨린 나무들을 이용한다. 비버들은 통나무와 식물, 그리고 돌을 진흙과 한데 뭉쳐서 댐을 만든다. 댐이 완성되면, 그것은 비버 가족을 위한 비교적 안전한 서식지가 되는 조용하고 깊은 연못을 만들어 낸다. 이 댐이 없다면, 우기에는 불어난 물 때문에 비버의 집이 어쩌면 잠길 수도 있고, 건기에는 이 물이 빠지면서 집의 입구가 노출될 수도 있다.

구문해설 | [1행] Beavers are *water mammals* [**whose** primary food is tree bark]. ▶ whose 이하의 [ ]는 water mammals를 선행사로 하는 소유격 관계대명사절이다.

3 ②

문제해설 | ② 문맥상 혈압이 '높아진' 것이므로 과거분사 elevated를 써야 한다.
오답풀이
① '증가하는'의 의미로 뒤의 명사 number를 수식해야 하므로 현재분사가 쓰였다.

③ have suggested의 목적절을 이끄는 접속사로 쓰였다.
④ 전치사 to의 목적어로 쓰인 동명사이다. children은 동명사의 의미상 주어이다.
⑤ 제안·요구·주장 등을 나타내는 동사가 오며 that절이 당위성을 내포할 경우 that절 내에서 「(should+)동사원형」의 형태가 되어야 한다.

해석 | 건강 전문가들은 산모의 비만이 점점 더 많은 엄마와 아기를 위험에 처하게 하고 있다고 경고한다. 연구들은 산모 비만이 분만 중에 합병증이나, 산모의 매우 높은 혈압, 그리고 산모와 아기 둘 모두에게 당뇨병을 초래할 수 있다고 밝혔다. 건강 문제들은 또한 아이의 인생 만년에 생길 수 있다. 연구들은 엄마의 비만이 그녀의 아이들 또한 비만이 될 가능성을 증가시키는 위험한 순환이 있다는 것을 제시했다. 산모 비만은 또한 아이들이 성인이 되었을 때 천식, 뇌졸중, 심장마비를 겪는 것과 연관이 되어 왔다. 연구원들은 비만 여성을 임신 전에 체중을 줄이는 방법에 대한 조언뿐만 아니라, 이러한 위험에 대한 더 많은 정보를 제공받아야 한다고 제안했다.

구문해설 | [6행] Studies have suggested that there is *a dangerous cycle* {**in which** a mother [*being* obese] increases the likelihood [**that** her children will also become obese]}. ▶ in which 이하의 { }는 a dangerous cycle을 선행사로 하는 목적격 관계대명사절이다. being obese는 관계사절에서 주어 역할을 하는 동명사구이며 a mother는 동명사구의 의미상 주어이다. that 이하의 [ ]는 the likelihood와 동격이다.
[9행] ... that overweight women be given more information about these risks, **as well as** advice on *how to lose* weight, ... ▶ 「A as well as B」는 'B뿐만 아니라 A도'라는 의미이다. 「how to-v」는 '~하는 방법'이라는 의미이다.

4 ④

문제해설 | ④ 「with+목적어+분사」는 '~가 …한[된] 채로'라는 의미이며, 구문에서 목적어(the females)와 분사가 능동의 관계이므로 현재분사구 giving birth를 써야 한다.
오답풀이
① 문맥상 주어 spider monkeys와 동사 find가 수동의 관계이므로 과거분사가 쓰였다.
② 30 members를 선행사로 하는 주격 관계대명사절로 문맥상 30마리가 '나뉘는' 것이므로 수동태가 쓰였다.
③ 동사 feature의 목적어 hook-shaped fingers와 no thumb이 등위접속사 but에 의해 병렬연결되었다.
⑤ 「tend to-v」 '~하는 경향이 있다'

해석 | 멕시코 남부에서 브라질까지의 열대우림에서 발견되는 거미원숭이들은 매력적인 종이다. 그들의 사회 구조는 흔히 서너 마리의 더 작은 그룹으로 나뉘는 각각 약 30마리로 구성된 집단들로 이루어진다. 거미원숭이들은 팔, 다리, 그리고 꼬리를 놀라울 정도로 민첩하게 사용할 수 있기 때문에 탁월한 등반가이다. 그들의 손은 손가락들이 고리 모양이지만 엄지손가락이 없는 것이 특징이며, 꼬리는 그들의 몸 전체를 지탱할 만큼 충분히 강하다. 새끼들은 출생 후

첫 2~3년 동안 어미에게 의존하는데, 암컷들은 수년에 한 번씩 출산한다. 일반적으로, 암컷 거미원숭이들은 수컷들보다 좀 더 크고 더 무거운 경향이 있다.

구문해설 | [6행] ... , and their tails are **strong enough to support** their entire body. ▶ 「형용사+enough to-v」는 '...할 만큼 충분히 ~한'의 의미이다.

07강 대명사·형용사·부사

pp. 36 – 39

QUIZ

1 its 2 ourselves 3 another 4 one
5 quiet 6 well 7 many 8 Few 9 hardly
10 lately 11 nothing new 12 someone reliable
13 some 14 either

해석 | 1 그 회사는 인원을 감축했다. 2 우리는 과거로부터 배움으로써 우리 자신을 발전시킨다. 3 나는 그 파일들을 한 폴더에서 다른 폴더로 옮겼다. 4 그녀는 좋은 책들을 몇 권 갖고 있어서, 나는 그녀에게 한 권을 빌렸다. 5 그녀는 조용한 성격을 가진 남자를 좋아한다. 6 내가 어제 산 그 기계는 잘 작동한다. 7 그는 요즘 걱정거리가 많다. 8 제시간에 파티에 온 사람은 거의 없었다. 9 그는 부러진 다리를 거의 움직일 수 없다. 10 나는 Tim이 최근에 정말 바쁘다는 것을 안다. 11 그 프로그램에는 새로운 것이 아무것도 없다. 12 나는 내 아이를 돌봐줄 믿을 만한 사람을 찾고 있다. 13 너는 잠을 좀 자는 게 낫겠다. 14 그 요리는 훌륭하지도 않고, 값이 싸지도 않다.

Check Up

1 brilliantly 2 the others 3 their
4 something important 5 one 6 little

해석 | 1 별들은 밤하늘에서 더 밝게 빛난다. 2 그들은 한 아이를 나머지 아이들보다 편애하는 것을 피하고자 가능한 모든 일을 했다. 3 상황은 흔히 나아지기 직전에 최악의 상태에 있는 것처럼 보인다. 4 Kate는 그 특정한 일요일에 해야 할 중요한 일이 있었다. 5 많은 책 중에서 나를 위한 책을 찾는 데 오랜 시간이 걸렸다. 6 도시 사람인 그녀는 시골에서의 경험이 거의 없었다.

1 ⑤

문제해설 | (A) 문맥상 동사 allow의 주어(The children)와 목적어가 동일하므로 재귀대명사 themselves를 써야 한다.
(B) 문맥상 that절 이하의 내용이 '추정되는' 것이므로 수동태 is estimated를 써야 한다.
(C) 문맥상 '밤늦게'의 의미이므로, late를 써야 한다. (*cf.* lately '최근에')

해석 | 기니에서 해가 지면, Gbessia 국제공항에 밝은 불빛들이 들어오고, 놀라운 일이 벌어진다. (공항의) 주차장이 공부를 시작하는 부지런한 학생들로 가득 차는 것이다. 그 아이들은 시끄러운 제트기나 공항을 떠나는 새로 도착한 승객들에 의해 자신들의 주의가 흐트러지는 것을 허락하지 않는다. 기니는 세계에서 가장 빈곤한 국가 중 하나로, 보통의 기니 사람은 매년 고작 89kWh의 전기를 소비하는 것으로 추정되는데, 보통의 미국인은 매년 그 양의 약 158배를 사용한다. 이는 부분적으로는 기니에 사는 사람 중 약 5분의 1만이 전기를 접할 수 있고, 그들조차도 자주 정전을 경험하기 때문이다. 전기를 사용할 수 있는 가정이 거의 없어서, 공항은 학생들이 밤늦게 공부하기에 가장 믿을 만한 장소가 되었다.

구문해설 | [3행] The children don't **allow themselves to be distracted** by ... . ▶ 「allow+목적어+to-v」 구문은 '~가 ...하게 (허락)하다'의 의미이다. 학생들이 자신이 시끄러운 소리에 의해 '산만해지는' 것이므로, 수동태(be distracted)가 쓰였다.
[11행] ... the most reliable place *for students* [**to study** late at night]. ▶ to study 이하의 [ ]는 the most reliable place를 수식하는 형용사적 용법의 to부정사구이다. for students는 to부정사구의 의미상 주어이다.

2 ⑤

문제해설 | (A) 부사 constantly를 수식하는 '거의'라는 의미의 부사 almost를 써야 한다.
(B) 「such+a(n)+형용사+명사+that」 '매우 ~한 ...라서 ~하다'
(C) 문맥상 부정의 의미를 나타내는 'hardly(거의 ~ 않다)'를 써야 한다.

해석 | 벌새는 신진대사율이 대단히 높은 아주 작은 새이다. 그들은 날면서 엄청난 양의 에너지를 연소해서, 그것을 대체하기 위해 거의 끊임없이 먹이를 먹어야 한다. 벌새들은 매일 그들의 체중의 50%에 달하는 양을 먹는데, 주로 꿀을 먹는다. 대부분의 벌새는 매우 긴 부리를 가지고 있어서 나는 동안 내내 꽃 안의 깊숙한 곳으로부터 꿀을 마실 수 있다. 그러나 그들은 날면서 먹이를 먹는 데 온종일을 보내는 것은 아니다. 오히려 그들은 대부분의 시간을 앉아서 보낸다. 그들은 자신들의 시간 중 약 15%를 나는 데 보내고 약 85%를 앉아서 소화하는 데 보낸다. 벌새들은 매우 빈약하게 발달한 발을 갖고 있어서, 거의 걸을 수 없다.

구문해설 | [2행] They burn a huge amount of energy **flying**, ...

to replace it. ▶ flying은 시간을 나타내는 분사 구문으로 while they are flying으로 바꿔 쓸 수 있다. to replace는 목적을 나타내는 부사적 용법의 to부정사이다.

3 ②

문제해설 | ② 문맥상 the vulnerability를 가리키므로 단수 형태인 that을 써야 한다.

오답풀이
① 문맥상 충격이 '퍼지는' 것이므로 수동태가 쓰였다.
③ risk는 셀 수 없는 명사이고 문맥상 '거의 없는'이라는 의미의 형용사가 필요하므로 little이 쓰였다.
④ 바로 앞의 that은 the areas를 선행사로 하는 주격 관계대명사이므로 복수 동사가 쓰였다.
⑤ 문맥상 대명사가 가리키는 것은 the woodpecker이고 소유격이 와야 하므로 its가 쓰였다.

해석 | 딱따구리들은 그들의 머리를 나무에 찧으면서 하루를 보낸다. 그런데 왜 그들은 두통이 없는 걸까? 연구에 따르면 딱따구리의 뇌가 그것의 두개골에 미치는 충격은 비교적 넓은 표면적에 걸쳐 퍼진다. 이것은 인간 두뇌의 (손상에 대한) 취약성과 비교해서 딱따구리의 뇌의 손상에 대한 취약성을 매우 경미하게 만든다. 게다가 딱따구리의 뇌는 두개골 안에 딱 맞는다. 이것은 움직임이 거의 없게 해서 손상의 위험이 거의 없다. 딱따구리의 뇌는 또한 각 충격이 두개골의 가장 두꺼운 부분에 집중되는 것에 의해서도 보호를 받는다. 게다가 딱따구리가 느끼는 힘의 상당 부분이 딱따구리의 뇌보다는 두꺼운 목 근육에 의해 흡수된다.

구문해설 | [4행] This makes [the vulnerability ... to injury] very slight .... ▶ 「make+목적어+형용사」 '~를 …하게 만들다'

4 ⑤

문제해설 | ⑤ 둘 중에 '다른 하나'를 가리키므로 the other를 써야 한다.

오답풀이
① '대략, 거의'라는 의미를 나타내는 부사이다.
② 참가자들 중 '일부'를 나타내므로 some이 쓰였다.
③ 문맥상 참가자들이 '테스트를 받은' 것이므로 수동태가 쓰였다.
④ 주절의 시제(were)보다 먼저 일어난 일을 나타내므로 과거완료가 쓰였다.

해석 | 당신이 기억력을 향상하고 싶다면, 당신은 공부한 후 대략 4시간 뒤에 운동하기 시작해야 한다. 한 실험에서 72명의 사람들이 컴퓨터 스크린에 있는 90가지 물체들의 위치를 기억하려고 애썼다. 그리고 나서 참가자 중 일부는 편안한 동영상을 시청했다. 나머지 참가자들은 공부한 직후나 4시간 뒤에, 자전거를 탔다. 참가자들은 이틀 후에 다시 테스트를 받았다. 최고의 기억력을 지닌 사람들은 4시간을 기다리고 나서 운동을 했던 사람들이었다. 왜 4시간을 기다려야 하는지 알아내기 위해서는 더 많은 연구가 필요할 것이다. 그러나 과학자들은 운동 중에 뇌에서 두 가지 특정한 화학물질이 생성되고 이 두 가지가 우리의 기억을 강화한다고 생각한다. 한 가지는 BDNF라고 불리는 단백질이며 다른 하나는 도파민이다.

구문해설 | [7행] More research will be needed {to find out [*why* we should wait four hours]}. ▶ to find out 이하의 { }는 목적을 나타내는 부사적 용법의 to부정사구이다. why 이하의 [ ]는 find out 의 목적어 역할을 하는 의문사절이다.
[8행] ... *two specific chemicals* are created in the brain during exercise, [**both of which** reinforce our memory]. ▶ both of which 이하의 [ ]는 two specific chemicals를 선행사로 하는 계속적 용법의 주격 관계대명사절이다. both는 앞에 언급된 two specific chemicals를 가리킨다.

08강 관계사

pp. 40 – 43

QUIZ

1 whose	2 which	3 to whom	4 on which
5 what	6 What	7 how	8 where	9 which
10 where	11 why	12 that

해석 | 1 그는 전 세계의 미술관에 그의 작품이 전시된 유명한 예술가이다. 2 탁자 위에 있는 보고서를 가져가는 것을 잊지 마라. 3 내가 이야기하고 있던 그 남자는 나의 선생님이다. 4 이것은 우리 할아버지가 앉으시곤 했던 의자이다. 5 여기 네가 찾고 있는 것이 있다. 6 그녀가 말했던 것은 비밀이었다. 7 이것은 그가 그것을 고친 방법이 아니다. 8 이곳은 우리가 묵었던 장소이다. 9 그는 자신이 너무 아프다고 말했는데, 그것은 거짓말이었다. 10 그들은 동물원을 방문했는데, 그곳에서 그들은 Sam을 만났다. 11 그들이 오지 않았던 이유는 명백하다. 12 나는 밤 9시마다 방송되는 뉴스를 보고 있었다.

Check Up

1 where	2 in which	3 why	4 which
5 who	6 that	7 what	8 who

해석 | 1 서식지 다양성이란 생물이 존재하는 장소들의 다양성을 말하는 것이다. 2 심리학자들은 많은 사람들을 한 방에 넣는 실험을 했다. 3 사람들이 산에 가는 것을 좋아하는 여러 가지 이유가 있다. 4 홈팀의 방은 밝은 빨간색으로 칠해졌는데, 그것은 팀원들이 흥분하거나 심지어 화난 상태로 있게 했다. 5 그는 미술과 자연에 대해

그에게 많은 것을 가르쳐 준 정원사의 아들이었다. 6 목재는 환경친화적인 것으로 널리 인정받는 자재이다. 7 그는 그저 자신 (마음) 속에 있는 것을 만들어 냈고, 우리에게 음악이라는 풍요로운 보물을 가져다주었다. 8 그 정비공은 자동차에 대해 아무것도 모르는 유니폼을 입은 남자로 대체되었다.

| 1 ③ | 2 ④ | 3 ④ | 4 ④ |

1 ③

문제해설 | ③ Romanticism에 대한 부연 설명을 하는 계속적 용법의 주격 관계대명사가 와야 하므로 which를 써야 한다. 관계대명사 that은 계속적 용법으로 쓸 수 없다.

오답풀이

① a movement를 수식하는 주격 관계대명사로 쓰였다.

② 문장의 주어 역할을 하는 명사절을 이끄는 관계대명사로 쓰였다.

④ '~와는 달리'라는 의미를 나타내는 전치사로 쓰였다.

⑤ 선행사인 novels에 대한 부연 설명을 하는 계속적 용법의 주격 관계대명사로 쓰였다.

해석 | 문학적 사실주의는 19세기 프랑스에서 시작된 운동이었고 유럽, 러시아, 그리고 미국 전역에서 인기를 얻었다. 그것의 주된 목표는 가능한 한 정확하게 실생활을 묘사하는 것이었다. 가장 성공적인 사실주의 작가가 한 것은 보통 사람들의 삶이 극적이고 의미 있을 수 있다는 것을 보여주는 것이었다. 사실주의는 여러 면에서 낭만주의에 대한 반발이었는데, 이는 문화에 대해 자연계를, 사회에 대해 개인을 강조하는 것이었다. 사실주의는 전체로서 사회를 보여주려고 시도했고, 낭만파와 달리 사실주의 작가들은 흔히 다수의 사람들에게 초점을 맞추었다. 이 때문에, 사실주의는 소설들과 관련된 경향이 있는데, 이 소설들은 사실주의의 웅장한 범주를 수용할 만큼 충분히 길다.

구문해설 | [3행] Its main goal was to describe real life **as accurately as possible**. ▶ 「as+부사+as possible」 '가능한 한 ~하게'

[10행] … , which are **long enough to accommodate** its grand scope. ▶ 「형용사+enough to-v」 '~할 만큼 충분히 …한'

2 ④

문제해설 | ④ 문장의 주어가 The computer chip이므로 단수 동사 creates를 써야 한다.

오답풀이

① the magnetic stripes (on the backs of most cards)를 선행사로 하는 계속적 용법의 주격 관계대명사가 쓰였다.

② 등위접속사 and에 의해 to increase와 (to) reduce가 병렬연결되었다.

③ 「전치사+관계대명사」 형태로 which는 the magnetic stripe를 선행사로 하는 목적격 관계대명사이다.

⑤ 문맥상 칩 카드로 '만들어진' 것이므로 과거분사가 쓰였다.

해석 | 신용 카드 회사들은 소형 컴퓨터 칩이 내장된 새로운 형태의 카드를 고객들에게 제공하고 있다. 이 칩들은 대부분의 카드 뒷면에 있는 마그네틱 선을 대체하고 있고, 그것은 1970년대 이후부터 사용되어 왔다. 이 칩은 데이터 보안을 강화하고 신용 카드 사기를 줄이는 것으로 입증되었다. 범죄자들은 모든 사용자의 계정 정보가 저장된 마그네틱 선을 쉽게 복사할 수 있으며, 이 도난된 데이터를 사용하여 위조된 신용 카드를 만들 수 있다. 현대 카드의 컴퓨터 칩은 마그네틱 선과 달리 절대로 재사용되지 않는 고유한 거래 코드를 만든다. 심지어 도둑이 칩 카드로 만들어진 거래에 대한 정보를 간신히 도용하더라도, 그 정보는 구매를 위해 절대 다시 사용될 수 없기 때문에 사실상 쓸모가 없다.

구문해설 | [1행] Credit card companies **have been giving** their customers a new type of card [*which* contains a small computer chip]. ▶ 과거의 동작이 현재까지 계속 진행되고 있으므로 현재완료진행형이 쓰였다. which 이하의 [ ]는 a new type of card를 수식하는 주격 관계대명사절이다.

3 ④

문제해설 | ④ 관계대명사 that은 「전치사+관계대명사」 형태로 쓸 수 없으므로 on that을 on which로 바꿔야 한다.

오답풀이

① 200 metropolitan areas에 대한 부연 설명을 하는 계속적 용법의 주격 관계대명사로 쓰였다.

② 주어 역할을 하는 명사절을 이끄는 관계대명사로 쓰였다.

③ the areas를 선행사로 하는 주격 관계대명사로 쓰였다.

⑤ explain의 목적어로 쓰인 「why+주어+동사」 어순의 간접의문문이다.

해석 | 많은 사람들이 이민의 증가가 범죄의 증가를 초래한다고 추정하는 반면에, 최근의 한 연구는 반대의 결과를 보여줬다. 이 연구에서, 연구원들은 무작위로 200개의 대도시 지역들을 선정했는데, 이곳들은 도시와 인근 교외 지역 둘 다를 포함했다. 그리고 나서, 그들은 1970년부터 2010년까지 그 장소들의 범죄 데이터를 살펴봤다. 그들이 발견한 것은 놀라웠다. 평균적으로, 이민의 증가가 있었던 지역들에서 범죄는 실제로는 감소했다. 이민이 뚜렷한 영향을 미치지 않은 유일한 범죄 유형은 가중 폭행이었다. 일부 학자들은 왜 이민이 범죄를 줄이는 경향이 있는지를 설명하려고 노력해왔다. 한 가지 이론은 범죄 활동의 감소는 이민에 의해 이루어진 경제 성장과 관련이 있다고 제안한다.

구문해설 | [9행] One theory suggests {that the decrease in criminal activity is tied to *the economic growth* [**that** is brought by immigration]}. ▶ that 이하의 { }에서 주어는 the decrease, 동사는 is tied이다. that 이하의 [ ]는 the economic growth를 수식하는 주격 관계대명사절이다.

4 ④

문제해설 | (A) 문맥상 선행사인 places와 vegetation patterns는 소유의 관계이므로, 소유격 관계대명사 whose가 와야 한다.
(B) jangala를 선행사로 하는 계속적 용법의 관계대명사 which가 적절하다.
(C) 관계사절 내에 주어가 없으므로 areas를 선행사로 하는 주격 관계대명사 that이 와야 한다.

해석 | '정글'과 '열대우림'이라는 용어는 서로 바꿔 쓸 수 있는 말로 자주 쓰이지만 그들은 사실상 식생 유형이 아주 다른 장소들을 가리킨다. '정글'은 산스크리트어(語) jangala에서 파생된 말로, 그것은 '경작되지 않은 땅'을 의미한다. 정글에서는, 지면에 식생이 빽빽해서 사람이 헤쳐나가기 어렵다. 그 이름이 암시하듯, 강수량이 많은 지역에서 발견되는 열대우림은 여러 층의 식생을 가지고 있다. 위쪽 층에는 나뭇잎이 너무 많아서 직사광선이 땅에 거의 닿지 않는다. 이 때문에, 지면에는 식물들이 매우 드문드문 있어서 사람이 뚫고 지나가기가 비교적 쉽다.

구문해설 | [7행] There are **so** many leaves in the upper layers **that** very *little* direct sunlight reaches the ground. ▶ 「so ~ that …」은 '매우 ~해서 …하다'라는 의미이다. little은 셀 수 없는 명사와 함께 쓰이고 '거의 없는'이라는 의미이다.

09강 접속사 · 전치사

pp. 44 – 47

pp. 44 – 47

QUIZ

1 if 2 Whether 3 If 4 whether 5 By the time 6 As soon as 7 nor 8 but 9 while 10 Because

해석 | 1 나는 내가 책을 대출할 수 있는지 궁금하다. 2 우리가 하이킹하러 갈 수 있을지는 날씨에 달렸다. 3 나는 할 일이 없으면 보통 그림을 그린다. 4 네가 오든 안 오든, 나는 한 시간 후에 그 일을 시작할 것이다. 5 네가 이 편지를 받을 때쯤, 나는 베를린에 있을 것이다. 6 그에게서 소식을 듣자마자, 네게 알려주겠다. 7 그도 나도 그 회의에 참석하지 않을 계획이다. 8 이 운동화는 예쁠 뿐만 아니라 편하다. 9 너는 우리가 외출할 동안 무엇을 할 계획이니? 10 그녀는 감기에 걸려서, 온종일 집에 머물렀다.

Check Up

1 or 2 if 3 As 4 that 5 unless 6 during 7 despite

해석 | 1 내 아내나 내가 가능한 한 빨리 당신에게 다시 전화할 것이다. 2 많은 사람들은 자신들이 분노를 표현하면 그것으로부터 자유로워질 것이라 믿는다. 3 학생들의 태도가 더 낙관적으로 되면서, 수학에 대한 그들의 자신감도 늘었다. 4 운전자는 보행자에게 그 사고에 대한 책임이 있다고 주장했다. 5 그들에게 허가받지 않는 한 여기서 플래시를 켠 사진 촬영은 금지된다. 6 게다가, 유전자는 20만 년 전 인류의 혁명 동안 의심할 여지 없이 변해왔을 것이다. 7 당신이 어리고 이쪽 장르에서 경험이 부족함에도 불구하고, 당신의 시들은 상당한 가능성을 보여준다.

READ & APPLY   pp. 46 – 47

pp. 46 – 47

1 ③   2 ①   3 ②   4 ⑤

1 ③

문제해설 | ③ 문맥상 '~인지 (아닌지)'의 의미로 사실 여부가 의문시되는 명사절을 이끌어야 하므로 if나 whether를 써야 한다.

오답풀이
① Denmark를 선행사로 하는 계속적 용법의 관계부사로 and there(= in Denmark)로 바꿔 쓸 수 있다.
② 주어 The main benefit of cycling을 보충 설명하는 주격 보어로 쓰인 명사절을 이끄는 접속사이다.
④ 앞의 suffer from air pollution을 대신하는 대동사이다.
⑤ 뒤에 절이 나오고 주절의 내용과 종속절의 내용이 상반되므로 양보를 나타내는 접속사가 쓰였다.

해석 | 자전거는 덴마크에서 이루어지는 모든 이동의 약 5분의 1에 사용되는데, 그곳에서 자전거 타기는 매우 장려된다. 오락 목적으로 자전거를 타는 것 외에, 덴마크 사람들은 통근이나 통학을 하는 데 자전거를 자주 이용한다. 자전거 타기의 주요 이점은 그것이 환경친화적이고 해로운 배기가스를 줄이는 데 도움이 된다는 것이다. 어떤 사람들은 대기 오염이 심각한 도시 환경에서 자전거를 타는 것이 건강에 유익한지 묻는다. 연구에 따르면 도시에서 자전거를 타는 사람들은 운전하는 사람들이 겪는 것보다 대기 오염에 더 시달리지는 않는다. 그러므로 비록 깨끗한 공기가 오염된 공기보다 낫긴 하지만, 도시 환경에 있는 것이 자전거 타기를 꺼릴 이유가 되지는 않는다.

구문해설 | [7행] Research reveals [**that** cyclists in cities do not suffer more from air pollution than drivers do]. ▶ that 이하의 [ ]는 동사 reveals의 목적어 역할을 하는 명사절이다.

2 ①

문제해설 | ① 뒤에 명사가 오므로 전치사 Because of를 써야 한다.

오답풀이

② 뒤에 완전한 절이 오므로 '~하는 동안에'라는 의미의 접속사가 쓰였다.

③ 뒤에 명사가 오므로 '~ 때문에'라는 의미의 전치사가 쓰였다.

④ 동사 ensure의 목적어로 접속사 that이 이끄는 명사절이 왔다.

⑤ 뒤에 완전한 절이 오므로 '~함에 따라'라는 의미의 접속사가 쓰였다.

해석 | Herbert Hoover는 대공황이 시작되었을 때 미합중국의 대통령이 된 지 8개월밖에 되지 않았다. 대공황 때문에, 미국인들은 보통 그의 대통령 임기를 실패로 여긴다. 그러나, Hoover는 유럽, 특히 벨기에에서는 완전히 다르게 기억된다. 제1차 세계 대전이 유럽에서 일어나고 있었을 때, Hoover는 미국 식량 관리 감독자의 역할을 하고 있었다. 그 당시에, 벨기에에서는 해군의 (항구) 봉쇄로 인해 심각한 식량 부족이 있었다. Hoover는 식량 수송이 봉쇄를 뚫고 허용되게 하기 위해 열심히 싸웠다. 전쟁이 계속되면서, 이것은 점점 더 어렵고 값비싸게 되었다. 그러나, 이러한 계속된 노력 덕분에, 대규모 기아를 막았고 Herbert Hoover는 벨기에에서 위대한 인도주의자로 기억된다.

구문해설 | [11행] … Herbert Hoover is remembered **as** a great humanitarian in Belgium. ▶ as는 '~로서'라는 의미로 자격을 나타내는 전치사로 쓰였다.

3 ②

문제해설 | ② find는 '~을 발견하다'의 의미이므로 사실을 나타내는 명사절을 이끄는 that을 써야 한다.

오답풀이

① clothes moth caterpillars를 부연 설명하는 계속적 용법의 주격 관계대명사로 쓰였다.

③ '만약 ~라면'의 의미로 조건을 나타내는 부사절을 이끄는 접속사로 쓰였다.

④ 문맥상 '~하기 위해서'라는 의미로 목적을 나타내는 부사적 용법의 to부정사이다.

⑤ 부대상황을 나타내는 분사 구문이다.

해석 | 대부분의 사람들은 벽장 안으로 들어가서 옷을 갉아먹는 옷좀나방 애벌레를 해충으로 여긴다. 그러나, 이 애벌레들은 또한 사람의 머리카락을 먹기 때문에, 과학자들은 그것들이 경찰이 살해 피해자 시체의 신원을 확인하는 것을 도울 수 있다는 것을 발견했다. 이것은 시체가 살인자에 의해 옮겨진다면 도움이 된다. 시체의 머리카락을 먹은 후에, 애벌레는 근처 어딘가에 자신의 고치를 만들기 위해 (시체에서) 기어 나온다. 다 자란 나방이 날아가면, 그들은 그들의 고치를 그곳에 남긴다. 그리고 나면 경찰은 고치에 들어 있는 사람의 머리카락의 DNA를 검사해서, 피해자의 것과 비교한다.

구문해설 | [7행] … the DNA of *the human hair* [**contained** in the cocoons], matching it with *that* of the victim. ▶ contained 이하의 [ ]는 the human hair를 수식하는 과거분사구이다. that은

4 ⑤

문제해설 | (A) 「from A to B」는 'A부터 B까지'의 의미로 전치사 to 뒤에 동명사 storing을 써야 한다.

(B) 동사 indicates의 목적어가 필요하므로 명사절을 이끄는 접속사 that을 써야 한다.

(C) 문맥상 '만약 ~라면'이라는 의미의 조건을 나타내는 접속사 if를 써야 한다.

해석 | 요즘 우리는 많은 일들을 위해 컴퓨터를 사용한다. 사업 실적을 기록하는 것에서부터 가족의 추억을 저장하는 것에 이르기까지, 우리가 보관하는 자료의 양은 놀라운 속도로 증가하고 있다. 이것은 분실되는 것으로부터 우리의 자료를 보호할 필요성이 그 어느 때보다 더 높다는 것을 분명히 보여준다. 그러나, 컴퓨터 사용자의 3분의 1이 그들의 자료가 '아주 소중하다'라고 응답한 조사에 따르면, 이 응답자들의 절반만이 백업 복사본을 만든 적이 있었다. 자료를 백업해 두는 것은 모든 컴퓨터 사용자의 규칙적인 습관의 일부가 되어야 한다. 그렇게 하는 것은 만약 당신의 컴퓨터가 작동을 멈춘다면 귀중한 자료에 접근할 수 있는 유일한 방법일 것이다.

구문해설 | [4행] … there is *a greater need* than ever before [**to protect** our data from being lost]. ▶ to protect 이하의 [ ]는 a greater need를 수식하는 형용사적 용법의 to부정사구이다.

[5행] However, according to *a survey* [**in which** one third of computer users said their data was "priceless,"] … . ▶ in which 이하의 [ ]는 a survey를 선행사로 하는 「전치사+관계대명사」 형태의 목적격 관계대명사절이다.

10강 병렬구조

pp. 50 – 53

QUIZ

1 I   2 happy   3 punished   4 playing

5 working   6 to wash   7 going   8 watch

해석 | 1 너 아니면 내가 Andrew를 데리러 그곳에 가야 한다. 2 우리 선생님은 매우 신나고 행복해 보였다. 3 범죄자들은 처벌되어야 할 뿐만 아니라 교화되어야 한다. 4 내 취미는 축구 경기를 보는 게 아니라 직접 축구를 하는 것이다. 5 충분한 휴식을 취하는 것은 일을 열심히 하는 것만큼 중요하다. 6 나는 설거지하기보다 요리하기가 더 쉽다고 생각한다. 7 나는 이번 주말에 등산하거나 스키를 타러 가

고 싶다. 8 우리는 영화관에 가서 공포 영화를 보기로 결정했다.

Check Up

1 dusted	2 turning	3 for fun	4 walk	5 lost
6 helping	7 reveals	8 enable	9 look	

해석 | 1 나는 잠자리를 정리했고, 방을 가지런히 정돈했으며, 바닥의 먼지를 쓸었다. 2 나는 들에서 곡식이 익어가는 것과 나무들이 울긋불긋 물들어가는 것을 볼 수 있었다. 3 이집트인들은 오락보다는 교육을 위해서 공놀이를 했다. 4 그는 차에서 내려, 휘발유를 주유하고, 돈을 내기 위해 부스로 걸어가야 한다. 5 결과적으로, 체계화된 지식은 쉽게 변질되거나 쓸모없는 정보의 바닷속에서 길을 잃을 수 있다. 6 그들은 공장에서 군수 물자를 만들고 있거나 민방위 작업을 돕고 있었다. 7 이러한 고래의 피부 조각에서 추출한 DNA는 집단의 개체들을 구별해줄 뿐만 아니라, 서로에 대한 그들의 관계를 드러내기도 한다. 8 근력 집중 훈련 프로그램은 약하고 나이가 든 사람들이 더 빨리 걷게 해줄 뿐만 아니라, 그들의 체력을 두 배로 늘리는 데 도움을 줄 수 있다. 9 학생들은 책을 읽는 동안 새로운 단어를 사전에서 찾기보다 그 의미를 추측하려고 노력해야 한다.

READ & APPLY   pp. 52 – 53

1 ⑤	2 ⑤	3 ⑤	4 ①

1 ⑤

문제해설 | ⑤ 등위접속사 or에 의해 「may+동사원형」의 형태로 병렬연결되어야 하므로 동사원형인 be를 써야 한다.

오답풀이
① 등위접속사 or에 의해 동명사 drinking과 병렬구조를 이루고 있으므로 eating이 쓰였다.
② locate가 바로 앞의 the blood vessels를 수식해야 하는데, 문맥상 수동의 관계이므로 과거분사가 쓰였다.
③ 「order+목적어+to-v」 '~가 …하도록 명령하다'
④ 「cause+목적어+to-v」는 '~가 …하게 하다'라는 의미로 문맥상 혈관 속 액체가 '방출되는' 것이므로 수동형 부정사가 쓰였다.

해석 | '아이스크림 두통'은 당신이 차가운 음료를 마시거나 아이스크림을 빨리 먹고 난 후에 때때로 겪는 고통스러운 느낌이다. 당신은 이런 종류의 두통이 무엇 때문에 생기는지 아는가? 차가운 음식이나 음료의 온도가 당신의 입천장에 위치한 혈관을 수축하게 만든다. 이에 반응하여, 당신의 뇌는 혈관에 이완하라고 명령하는 메시지를 보낸다. 이 갑작스러운 이완은 혈관에 있는 액체들이 주변의 조직으로 방출되도록 한다. 그 결과가 몇 분 동안 지속할 수 있는, 짧으면서도 찌르는 듯한 머리의 통증이다. 그것은 당신이 누워야 할 정도로 충분히 심하거나 혹은 너무 경미해서 거의 느끼지 못할 수도 있다.

구문해설 | [3행] The temperature of cold food or drinks **makes the blood vessels ... constrict.** ▶ 「make(사역동사)+목적어+동사원형」 '~가 …하게 만들다'

[8행] It may be **strong enough to make** you need to lie down or be *so mild that* you barely notice it at all. ▶ 「형용사+enough+to-v」 '…할 만큼 충분히 ~한', 「so+형용사+that ~」 '매우 ~해서 …하다'

2 ⑤

문제해설 | ⑤ 등위접속사 and에 의해 동사 collect와 병렬연결되어야 하므로 check를 써야 한다.

오답풀이
① 명사구 dusty rooms filled with books와 exciting multimedia venues를 대등하게 연결하는 등위접속사 but이 쓰였다.
② 문맥상 현재 일어나고 있는 변화이므로 현재진행형이 쓰였다.
③ 등위접속사 and에 의해 to relax와 병렬구조를 이루고 있으므로 (to) feel이 쓰였다.
④ 문맥상 도서관의 역할이 '(과거부터 현재까지) 점점 더 중요해지고 있는' 것이므로 현재완료 시제가 쓰였다.

해석 | 도서관은 더는 책들로 가득 찬 먼지투성이의 장소가 아니라 흥미로운 멀티미디어의 현장이다. 예를 들어, 뉴욕 공립 도서관은 때때로 어린이들을 위한 특별 이벤트를 주최한다. 전 세계의 다른 도서관들은 그들의 스타일을 전통적인 것에서 현대적인 것으로 바꾸고 있다. 어떤 도서관들은 이제 사람들이 편히 쉬면서 어쩌면 예술적인 영감까지도 느끼게 하는 야외 공간을 제공한다. 우리의 디지털 시대에, 도서관의 역할은 신뢰할 수 없는 온라인 정보를 점검하는 신뢰할 만한 권한을 제공하면서, 실제로 더욱 중요해지고 있다. 인터넷 포털 사이트와 블로그로부터 자신을 구별하기 위해서, 도서관은 기록을 공개하기 전에 흔히 많은 양의 정보를 수집하고 그 사실들의 정확도를 점검한다. 그러한 변화들이 젊은 인터넷 세대에게도 도서관의 인기를 되살리고 있다.

구문해설 | [7행] ... , {**providing** *a reliable authority* [*to check* unreliable online information]}. ▶ providing 이하의 { }는 부대상황을 나타내는 분사 구문이다. to check 이하의 [ ]는 a reliable authority를 수식하는 형용사적 용법의 to부정사구이다.

3 ⑤

⑤ 등위접속사 and에 의해 「by v-ing」의 형태로 병렬연결되어야 하므로 동명사 releasing으로 써야 한다.

오답풀이
① 등위접속사 and에 의해 to prevent와 병렬구조를 이루고 있으므로 (to) monitor가 쓰였다.
② 이유를 나타내는 분사 구문으로 문맥상 주어(the smart bandage)와 동사(design)가 수동의 관계이므로 과거분사가 쓰였다.
③ temperature and pH sensors를 선행사로 하는 계속적 용법의 주격 관계대명사가 쓰였다.

④ detect의 목적절을 이끄는 접속사로 쓰였다.

해석 | 피부 상처가 붕대로 덮여 있어야 한다는 것은 모두가 안다. 그들이 일반적으로 모르는 것은 감염을 예방하고 부상을 추적 관찰하는 방법이다. 스마트 붕대가 있으면 그러한 지식이 필요하지 않기 때문에 그것은 더는 문제가 되지 않을 것이다. 부상을 추적 관찰하고 치료하는 통합된 센서로 설계되었기 때문에, 스마트 붕대는 자가 치유 과정에 혁신을 일으킬 것이다. 그리고 그 일은 머지않았다. 스마트 붕대의 작동 방식은 실제로 매우 뛰어나다. 그것은 온도와 pH 센서가 있는데, 그것은 붕대가 이상적인 치유 조건으로 조정되도록 상처를 평가할 수 있다. 게다가, 센서가 감염이나 염증이 악화되고 있음을 감지하면 항생제와 진통제가 장치에 의해 전달된다. 의사들은 스마트 붕대가 자동으로 스캔하여 다친 부위로 약을 방출함으로써 빈번한 병원 방문을 불필요하게 할 것으로 예측한다.

구문해설 | [1행] [**What** they usually don't know] is *how to prevent* infections **and** (*to*) *monitor* the injury. ▶ What 이하의 [ ]는 선행사를 포함하는 관계대명사절로 문장의 주어 역할을 한다. 「how to-v」는 '~하는 방법'이라는 의미로, to prevent와 (to) monitor가 등위접속사 and로 병렬연결되었다.
[11행] Doctors predict [(**that**) smart bandages will <u>make</u>
V

<u>frequent hospital visits</u> <u>unnecessary</u> …]. ▶ [ ]는 동사 predict의 목
O　　　O.C.
적절이며, 접속사 that이 생략되었다. 「make+목적어+형용사」는 '~가 …하게 하다'라는 의미이다.

4 ①

문제해설 | (A) 「not only A but also B」는 'A뿐만 아니라 B도'의 의미로 A와 B의 문법적인 형태가 동일해야 하므로 to affect가 적절하다.
(B) 조동사 could 뒤에 오는 동사원형 access와 등위접속사 and로 연결된 병렬구조이므로 동사원형 know가 적절하다.
(C) 문맥상 논의가 '이뤄지고 있다'의 의미이므로 현재진행형인 taking place가 적절하다.

해석 | '사물 인터넷(IoT)'은 거의 모든 전자 장치를 인터넷에 연결하는 것을 가능하게 한다. 그리고 그것은 우리의 가정생활을 바꿀 뿐만 아니라 일과 교통수단 같은 것들에 영향을 미치는 잠재력을 지니고 있다. 예를 들어, 당신이 중요한 모임이 있다면, 당신 차의 GPS는 당신의 온라인 달력에 접속하여 당신이 가야 하는 곳을 정확히 알 수 있다. 그리고 당신이 교통 체증을 겪고 있다면, 당신의 차는 다른 참석자들에게 당신이 늦을 거라고 알리는 문자를 자동으로 보낼 수 있다. 이 같은 가능성은 사물 인터넷과 함께 무궁무진하다. 그것의 잠재적인 응용에 대한 논의가 전 세계 각국에서 이뤄지고 있는데, 사물 인터넷이 우리의 삶을 변화시킬 수 있는 다양한 방식들을 사람들이 이해하려고 노력하기 때문이다.

구문해설 | [1행] The "Internet of Things" (IoT) <u>makes</u> **it** <u>possible</u>
V　　O　　O.C.
[**to connect** almost any electronic device to the Internet]. ▶ it은 가목적어이고 to connect 이하의 [ ]가 진목적어이다.
[6행] And **if** you **got** stuck in traffic, your car **could** automatically **send** *text messages* [*notifying* the other attendees that you are running late]. ▶ 「If+주어+동사의 과거형, 주어+조동사의 과거형+동사원형」의 가정법 과거구문으로, 현재 사실의 반대를 가정한다. notifying 이하의 [ ]는 text messages를 수식하는 현재분사구이다.

11강 간접의문문 · 도치 · 비교

pp. 54 – 57

QUIZ

1 you like 　2 the movie starts 　3 do you suppose
4 What do you think 　5 she was 　6 he will
7 have I 　8 Neither 　9 that 　10 higher

해석 | 1 네가 그 책을 왜 좋아하는지 말해줘. 2 너는 그 영화가 몇 시에 시작하는지 아니? 3 당신의 신간이 언제 출간될 거로 생각하세요? 4 너는 그들이 주말마다 무엇을 하는 걸 좋아한다고 생각하니? 5 나는 그녀에게 외국에서 사는 것이 두려운지 물었다. 6 그가 그 동아리에 가입할지는 확실하지 않다. 7 나는 그렇게 훌륭한 피아니스트를 결코 본 적이 없다. 8 그녀는 이탈리아 음식을 좋아하지 않는다. 나도 마찬가지다. 9 베트남의 겨울 날씨는 한국의 겨울 날씨보다 더 따뜻하다. 10 높이 올라갈수록, 더 추워진다.

Check Up

1 you enjoy 　2 were lots of wooden boards
3 did he approve 　4 What do you believe 　5 those
6 could they 　7 whether they are

해석 | 1 음식은 당신이 야외 활동을 얼마나 즐기는가에 있어 큰 역할을 한다. 2 그들 주위에는 많은 나무판자가 있었다. 3 그는 우리가 말하는 방식을 좋아하지도, 우리가 옷 입은 방식을 허락하지도 않았다. 4 너는 대도시에서의 교통 체증을 해결하기 위해서 우리가 무엇을 해야 한다고 생각하니? 5 가장 빈번한 비판 중 하나는 유기 농가들의 작물 수확량이 기존 농가들의 수확량보다 훨씬 더 적다는 것이다. 6 그들은 앞에 있는 어떤 것도 볼 수 없었을 뿐만 아니라, 지쳐서 더는 걸을 수도 없었다. 7 문제는 그것들이 합리적인지 혹은 비합리적인지에 따라 구분될 수 있다.

1 ②

문제해설 | ② know의 목적어 역할을 하는 간접의문문이 와야 하므로 「의문사＋주어＋동사」의 어순인 how dust forms를 써야 한다.

오답풀이

① have wondered의 목적어 역할을 하는 간접의문문이 쓰였다.

③ Unless는 '만일 ~이 아니라면'의 부정의 의미를 포함한 접속사로 쓰였다. (= If ~ not)

④ what은 선행사를 포함하는 관계대명사로 쓰였다.

⑤ 문맥상 옷과 가구의 천이 '사용되는' 것이므로 수동태가 쓰였다.

해석 | 당신은 먼지가 어디에서 오는지 궁금해한 적이 있는가? 그렇게 많은 양의 먼지가 집안에 모일 수 있다는 것은 놀라운 일인 것 같다. 하지만 일단 당신이 먼지가 어떻게 형성되는지 알게 되면, 먼지가 더 많지 않다는 것이 정말 놀랍다. 만일 당신이 공기 청정기를 사용하지 않는다면, 바깥에서 들어온 공기는 엄청난 양의 먼지를 운반한다. 하지만 그것은 집 먼지를 구성하는 것의 작은 부분에 지나지 않는다. 다른 (먼지의) 구성 요소로 개개인이 매 순간 떨어뜨리는 3~4만 개의 죽은 피부 세포들이 있다. 게다가 옷과 가구의 천들은 그것들이 사용될 때마다 아주 작은 섬유 조직을 떨어뜨린다. 카펫이 깔린 집에는 훨씬 더 많은 작은 섬유 조직들이 모여서 먼지를 형성한다.

구문해설 | [1행] It seems amazing [that such a large quantity of dust can gather inside your home]. ▶ It은 가주어이고 that 이하의 [ ]가 진주어이다.

[6행] ... the 30,000 to 40,000 dead skin cells [that each human drops every minute]. ▶ that 이하의 [ ]는 the 30,000 to 40,000 dead skin cells를 선행사로 하는 목적격 관계대명사절로 that은 생략이 가능하다. each가 수식하는 명사는 단수 취급하므로 단수 동사 drops가 왔다.

2 ①

문제해설 | ① 부정의 뜻을 가진 little이 문두에 오면 「little＋조동사＋주어＋본동사」의 어순이 되어야 하므로 would you imagine을 써야 한다.

오답풀이

② 동사 contain의 의미를 강조하는 강조 용법으로 주어 most soft drinks가 복수형이므로 do가 쓰였다.

③ 문맥상 additional alcohol이 '넣어지는' 것이므로 수동태가 쓰였다.

④ 동사 wonder의 목적어로 쓰인 간접의문문이다.

⑤ 앞에서 언급된 a container를 가리키는 지시대명사로 쓰였다.

해석 | 청량음료는 탄산수, 감미료, 향료로 만들어진 인기 있는 음료수이다. 이 설명에 근거하면, 당신은 청량음료들이 알코올을 함유하고 있을 거라고는 별로 상상하지 못했을 것이다. 그러나 한 연구에서 대부분의 청량음료가 정말로 미량의 알코올을 함유하고 있다는 것이 밝혀졌다. 이것은 주로 음료 안에서 일어나는 자연 발생적인 설탕의 발효 때문이다. 몇몇 청량음료에는 또한 (음료에) 사용되는 향미료 추출물을 통해 알코올이 추가로 들어가게 된다. 미성년자들은 술을 마시는 게 허락되지 않기 때문에 당신은 어떻게 이것이 합법적인지 궁금할지도 모른다. 얼마나 적은 양의 알코올이 함유되었는지 보다 잘 이해하기 위해 당신은 청량음료 용기와 비슷한 크기의 요구르트 용기가 두 배만큼의 알코올을 포함할 것이라는 점을 알아야 한다.

구문해설 | [8행] To better understand *how little alcohol is involved*, you should be aware {that [*a container* of yogurt ... a soft drink] *will contain* about twice as much alcohol}. ▶ To understand는 목적을 나타내는 부사적 용법의 to부정사이다. how ... involved는 understand의 목적어로 쓰인 간접의문문이다. that 이하의 { }는 be aware의 목적어로 쓰였으며, a container 이하의 [ ]는 that절의 주어로 동사는 will contain이다.

3 ⑤

문제해설 | ⑤ explain의 목적어 역할을 하는 간접의문문이 와야 하므로 「의문사＋주어＋동사」의 어순인 why older people find를 써야 한다.

오답풀이

① 전치사 at의 목적어로 동명사가 쓰였다.

② asked의 목적어 역할을 하는 간접의문문이다. 질문을 받은 것보다 숫자를 본 행위가 먼저 일어났으므로 과거완료 시제 had seen이 쓰였다.

③ 동사 risk의 목적어로 동명사가 쓰였다.

④ 「the＋비교급 ~, the＋비교급 ...」은 '~할수록 더 …하다'의 의미이며 little의 비교급인 less가 쓰였다.

해석 | 한 연구에서 나이 든 사람들은 새로운 정보를 받아들이는 데 능숙하지 않은데 이는 그들이 젊은 사람들보다 추가 정보에 더 집중하는 경향이 있기 때문이라는 것을 발견했다. 그 연구에서 열 명의 젊은 사람들과 열 명의 연장자들에게 슬라이드를 보여주었는데, 각각에는 여섯 개의 글자와 두 개의 숫자, 그리고 움직이는 점으로 된 배경이 있었다. 다음으로 그들은 무슨 숫자들을 봤는지 질문을 받았다. 연장자들은 이 정보가 (질문과는) 관련이 없는데도 점에 대해 자주 언급했다. 그러한 버릇은 주의를 산만하게 할 수 있는데, 이는 중요한 정보를 하찮은 것으로 대체할 위험이 있기 때문이다. 이후 실험들에서 (질문과) 관련 없는 정보가 더 많이 제시될수록, 연장자들은 그것을 더 걸러내지 못했다. 이것은 왜 나이 든 사람들이 집중을 방해하는 요소가 많이 포함된 새로운 과제를 어렵다고 느끼는지 설명할 수 있다.

구문해설 | [7행] Such a habit could be distracting, **as** it risks replacing important information with *something trivial*. ▶ as는 이유를 나타내는 접속사로 쓰였다. -thing으로 끝나는 대명사는 형용

사가 뒤에서 수식한다.

[10행] … why older people **find new tasks** [*involving* a lot of distractions] **challenging**. ▶ 「find+목적어+목적격 보어」는 '~을 …라고 생각하다'의 의미이며, 여기서는 목적격 보어로 형용사 challenging이 쓰였다. involving 이하의 [ ]는 new tasks를 수식하는 현재분사구이다.

4 ③

문제해설 | ③ 부정어 Nor가 문두에 왔으므로 주어와 동사가 도치된 형태인 Nor do they have를 써야 한다. 부정어 도치 구문에서 일반동사가 쓰인 경우 조동사 do[does/did]가 주어 앞으로 나가고 본동사는 주어 뒤에 남는다.

오답풀이

① 주격 관계대명사 that은 a normal stage (of development)를 선행사로 하므로 단수 동사 occurs가 쓰였다.

② 「no longer ~」 '더는 ~ 않다'

④ 선행사를 포함하는 관계대명사 what 이하는 주격 보어 역할을 한다.

⑤ 문맥상 It(= separation anxiety)이 '최고조에 이르는' 것이므로 능동을 나타내는 현재분사가 쓰였다.

해석 | 분리 불안은 아기들이 자신들이 그들의 양육자들로부터 분리된, 개별적인 사람이라는 것을 이해하기 시작할 때 발생하는 정상적인 발달 단계이다. 이 시기에 아기들은 대상 영속성을 이해하는데, 이것은 그들이 무언가를 더는 볼 수 없을 때도 그것이 계속 존재한다는 것을 알게 됨을 의미한다. 이것 때문에, 아기들은 자신들의 양육자들이 다른 데로 가버릴 수 있다는 것을 이해할 수는 있지만, 그들이 돌아올 것을 알지는 못한다. 아기들은 시간에 대하여 완전하게 이해하지도 못한다. 이 모든 것에 대한 정상적이고 건강한 반응이 분리 불안으로 알려진 것이다. 그것은 일반적으로 대략 8개월 정도의 시기에 시작되어, 13~15개월쯤의 어느 순간에 최고조에 이르렀다가 그 이후에 감소하기 시작한다.

구문해설 | [9행] … , [**peaking** somewhere around *the age of 13 to 15 months*], [*after which* it starts to decline]. ▶ peaking 이하의 [ ]는 부대상황을 나타내는 분사 구문으로, and it peaks …로 바꿔 쓸 수 있다. after which 이하의 [ ]는 「전치사+관계대명사」절로 which는 the age of 13 to 15 months를 선행사로 하는 계속적 용법의 목적격 관계대명사이다.

12강 가정법 · 조동사

pp. 58 – 61

QUIZ

1 were 2 have made 3 Were I 4 but for
5 could visit 6 were 7 have forgotten
8 should 9 go 10 postpone 11 may
12 admiring

해석 | 1 내가 힘이 더 세면, 혼자서 무거운 탁자를 옮길 수 있을 텐데. 2 내가 네 충고를 들었다면, 나는 그런 큰 실수를 저지르지 않았을 텐데. 3 내가 그녀의 입장이라면, 나는 몹시 초조할 텐데. 4 나쁜 날씨만 아니었다면 우리는 외출했을 텐데. 5 이번 여름에 너와 싱가포르에 갈 수 있으면 좋을 텐데. 6 그는 마치 그가 내 남자친구인 것처럼 행동했다. 7 엄마는 내 생일을 또 잊으신 게 틀림없다. 8 너는 네가 했던 것보다 더 일찍 전화를 했어야 했다. 9 나는 그가 그곳에 혼자 갈 것을 권했다. 10 나는 우리의 회의를 연기할 것을 제안했다. 11 네가 그에게 화를 내는 것은 당연하다. 12 나는 그의 관대함에 감탄하지 않을 수 없다.

Check Up

1 acted 2 better 3 Had 4 could 5 were
6 should have paid 7 be

해석 | 1 우리가 가장 깊은 내면의 가치를 기반으로 행동한다면 우리의 삶은 더 나아질 텐데. 2 당신은 당신의 새로운 생각들을 다른 사람들의 비판에 드러내는 편이 낫다. 3 그들의 교육이 창의력에 초점을 맞추었더라면, 그들은 훌륭한 화가가 될 수 있었을 텐데. 4 내가 노래한 후 청중들의 환호를 들을 때, Kathy도 그것을 들을 수 있으면 좋을 텐데. 5 그날은 마치 앞에 신비한 무언가가 있는 것처럼 유난히 안개가 꼈다. 6 나는 그에게 거의 주의를 기울이지 않았던 것을 후회한다. 나는 그에게 더 주의를 기울였어야 했다. 7 한 연구는 아기들을 생후 3개월 즈음에 자기만의 방으로 옮겨질 것을 권장한다.

READ & APPLY

pp. 60 – 61

1 ② 2 ⑤ 3 ② 4 ⑤

1 ②

문제해설 | ② 현재의 불가능한 일을 가정하는 가정법 과거 구문이므로 동사의 과거형 stopped를 써야 한다.

오답풀이

① 「부사+enough to-v」 '…할 만큼 충분히 ~하게'

③ 현재의 실현 불가능한 일을 가정하는 가정법 과거이므로 「조동사의 과거형+동사원형」 형태로 쓰였다.

④ those는 앞선 명사의 반복을 피하기 위해 쓰인 지시대명사로 여기서는 the planets을 대신하여 쓰였다.

⑤ 동사 keep은 동명사만을 목적어로 취하므로 going이 쓰였다.

해석 | 태양 주위를 도는 모든 것은 끝없는 궤도에 갇힐 만큼 충분히 빠르게 움직이고 있다. 그것은 행성들이 갑자기 움직이는 것을 멈춘다면, 그 행성들은 곧장 태양을 향해, 그리고 결국 태양으로 바로 끌어 당겨질 것임을 의미한다. 이제 무슨 영문인지 모르지만 태양이 사라졌다고 상상해 보라. 이런 경우에, 각 행성은 그것의 전진 운동으로 인해 일직선으로 우주로 날아가 버릴 것이다. 태양에 더 가까운 행성들이 (태양에서) 더 멀리 있는 행성들보다 더 빠르게 움직이고 있기 때문에, 그것 중 일부가 다른 행성들과 가까워지고 중력을 통해서 상호작용을 하는 것이 가능할 것이다. 그렇지 않으면, 그 행성들은 또 다른 물체와 접촉하기 전에 수천 년 동안 일직선으로 계속 움직일 것이다.

구문해설 | [7행] … , **it** would be possible *for some of them* [*to get close* to others and gravitationally interact]. ▶ it은 가주어이고 to get close 이하의 [ ]가 진주어이다. for some of them은 to부정사의 의미상 주어이다.

2 ⑤

문제해설 | ⑤ 과거의 일에 대해 '~했을 수도 있다'라고 추측하고 있으므로 could have been을 써야 한다.

오답풀이

① 「may have v-ed」는 '~했을지도 모른다'의 의미로 과거의 일에 대한 추측을 나타낸다.

② 문맥상 '뿜어져 나온'의 의미이므로 과거분사가 쓰였다.

③ 「too+형용사+to-v」 '너무 ~해서 …할 수 없다'

④ a supercontinent를 선행사로 하는 주격 관계대명사로 쓰였다.

해석 | 과학자들은 인도양 아래 숨겨진 Mauritia라고 불리는 잃어버린 대륙을 발견했을지도 모른다. 과학자들은 모리셔스 섬의 화산에서 뿜어져 나온 암석에서 발견된 지르콘 샘플을 분석했다. 그들은 지르콘이 30억 년 정도가 되었다고 밝혔다. 그것으로 보아 지르콘이 모리셔스의 것으로 보기에는 너무 오래됐는데, 그곳에는 9백만 년 이상 된 암석들이 없다. 그들의 조사 결과에 기초하여, 과학자들은 Mauritia가 아프리카, 남아메리카, 남극 대륙, 인도, 그리고 호주로 갈라진, 초대륙인 곤드와나 대륙의 분열로 생겨났다고 생각한다. 이전에, 지르콘은 모리셔스의 해변 모래에서 발견되었지만, 비평가들은 그것들이 바람에 의해 그곳으로 날려 갔을 수도 있다고 주장했다. 새로운 샘플은 잃어버린 대륙이 사실상 정말 존재한다는 훨씬 더 유력한 증거를 제공한다.

구문해설 | [11행] The new samples provide **much** *stronger* evidence [**that** the lost continent *does* in fact exist]. ▶ much는
= 동격   조동사(강조)
'훨씬'의 의미로 비교급(stronger)을 수식하는 부사로 쓰였다.

3 ②

문제해설 | ② as if 가정법으로, 주절의 시제와 같은 때를 가정하는 가정법 과거이므로 were가 와야 한다.

오답풀이

① making 이하는 부대상황을 나타내는 분사 구문이다.

③ 현재의 실현 불가능한 일을 가정하는 가정법 과거이므로, 주절의 동사는 「조동사의 과거형 + 동사원형」 형태인 would do가 왔다.

④ 지각동사 observe의 목적격 보어로 쓰인 동사원형은 수동태 문장에서는 to부정사가 되므로 to surround가 쓰였다.

⑤ 시간의 부사절을 이끄는 접속사 when 뒤에 「주어+be동사」인 they were가 생략되어 과거분사인 played만 남아있는 형태이다.

해석 | 어떤 애벌레들은 개미 굴 안에서 편히 지내면서, 붉은 개미들을 속여 자신들에게 먹이를 공급하게 한다. 이상하게도, 일개미들은 마치 애벌레들이 여왕인 것처럼 그들을 섬긴다. 포식자들이 공격할 때면, 여왕이 위협받을 경우 그들이 하는 것처럼 목숨을 바쳐 애벌레들을 방어한다. 왜 이런 일이 일어나는지는 분명하지 않지만, 애벌레들이 내는 소리가 일개미로 하여금 그들이 여왕이라고 착각하게 만드는 것으로 보인다. 애벌레들의 소리를 녹음한 것을 일개미들에게 틀어 주었을 때, 개미들은 도망가거나 공격적으로 행동하는 대신 스피커를 둘러싸는 것이 관찰되었다. 그들은 여왕의 소리를 들었을 때와 거의 동일하게 행동했다. 명백히, 청각적 모방은 애벌레들의 전략의 핵심이다.

구문해설 | [5행] … , but *a sound* [(**which/that**) the caterpillars produce] appears to *make* the worker ants *mistake* them for queens. ▶ [ ]는 a sound를 선행사로 하는 목적격 관계대명사절로, which 또는 that이 생략되었다. 사역동사 make의 목적격 보어로 동사원형 mistake가 쓰였다.

4 ⑤

문제해설 | (A) 문맥상 프랑스 군대가 '기진맥진해진' 것이므로 과거분사가 와야 한다.

(B) 문맥상 과거에 하지 않은 일에 대한 후회를 나타내는 「should have v-ed」 형태가 되어야 하므로 have beaten이 적절하다.

(C) 문맥상 without이 if절을 대신해서 쓰인 가정법 과거완료 구문이므로 have won이 되어야 한다.

해석 | 1805년, 프랑스 군대는 오스트리아 군대에 대한 기습 공격을 감행하기 위해 오스트리아로 진군하기로 결정했다. 2,000km의 여정 끝에 빈에 도착하자, 프랑스 군대는 기진맥진한 상태였다. 오스트리아 군대는 프랑스군보다 두 배 더 수적으로 우세했으므로 프랑스 군대가 도착하자마자 그들을 무찔렀어야 했다. 그러나 전투가 있었던 추운 12월 아침, 짙은 안개가 빈과 그 근교에 깔렸다. 프랑스군은 그들의 위치에서 오스트리아군을 또렷이 볼 수 있었지만, 오스트리아군은 프랑스군을 볼 수 없었다. 그래서 프랑스군은 오스트리아군을 기습할 수 있었고, 여섯 시간의 전투 후에 승리는 그들의 것이 되었다. 날씨의 도움이 없었더라면, 프랑스군은 전투에서 이길 수 없었을 것이다.

13강 MINI TEST

pp. 64 – 67

| 1 ② | 2 ④ | 3 ③ | 4 ③ |
| 5 ③ | 6 ③ | | |

1 ②

문제해설 | ② 문장의 주어가 The most popular section이므로 동사는 단수 동사인 is known이 되어야 한다. 두 개의 동사구 runs for ... Compostela와 is known ... French Route가 등위접속사 and로 병렬연결되었다.

오답풀이
① Stretching across Europe은 부대상황을 나타내는 분사구문이다.
③ 동사 enjoy의 목적어로 동명사가 와야 하므로 hiking은 적절하다.
④ the people을 가리키는 대명사로 those가 적절하다.
⑤ 동사 allow의 목적격 보어로 to부정사가 오므로 to experience는 적절하다.

해석 | 전 유럽을 가로질러 뻗어 있는 산티아고 순례길은 유서 깊은 옛 순례길들이 연결된 망으로 이루어져 있다. 오늘날 종교적 탐험가 들이 이 인상적인 길을 따라 도보 여행 도전에 응하려고 세계 각지로부터 온다. 가장 인기 있는 구역은 St. Jean Pied de Port에서 Santiago de Compostela에 이르며 스페인 북부를 가로질러 780km 뻗어 있고, Camino Frances 또는 French Route 로 알려져 있다. 이 도보 여행을 순전히 거리만 놓고 보자면 일정 수준의 체력이 필요하지만, 얼마나 젊건 나이 들었건 간에 누구나 Camino Frances를 도보로 여행하는 것을 즐길 수 있다. 비결은 도보 여행을 서두르지 않는 것이다. 가장 힘들어하는 사람들은 너무 빨리 걸으려고 하는 사람들이다. 그보다도, 천천히 걸으며 자신에게 장엄한 주변을 경험할 시간을 주는 것이 바람직하다.

구문해설 | [7행] ... , anyone, [**no matter how** young or old], can enjoy hiking the Camino Frances. ▶ no matter how 이하의 [ ]는 삽입절로 no matter how는 '아무리 ~할지라도'라는 의미인 양보의 부사절을 이끌며 however로 바꿔 쓸 수 있다.

어휘 | stretch 뻗다 comprise ~로 구성되다[이루어지다] pilgrimage 순례, 성지 참배 spiritual 정신의; *종교적인 take up the challenge 도전에 응하다 impressive 인상적인 sheer 완전한, 순전한 physical fitness 체력 rush (너무 급히) 서두르다 advisable 바람직한 magnificent 장엄한 surroundings (pl.) 주변, 환경

2 ④

문제해설 | ④ 문장의 주어가 The information이므로 단수 동사 provides를 써야 한다.

오답풀이
① 「whether or not to-v」 '~할 것인지 아닌지'
② 「be told of ~」 '~에 대해 듣다'
③ stem cells를 선행사로 하는 계속적 용법의 주격 관계대명사가 쓰였다.
⑤ 불완전자동사 prove의 보어로 형용사가 쓰였다.

해석 | 부모가 될 사람들이 직면하는 수많은 결정에 더하여 이제 그들의 아기의 제대혈을 보관할 것인지 말 것인지에 대한 문제가 있다. 잡지 광고에서 그들의 의사의 진료실에 있는 전단지까지, 부모들은 그들의 아기의 제대혈을 보관하는 것의 중요성에 대해 반복적으로 듣는다. 이는 제대혈이 줄기세포들의 주요 공급원이기 때문인데, 줄기세포는 신체의 모든 조직과 기관의 발달에 기여한다. 따라서 이 세포들로부터 얻은 정보는 의사들에게 백혈병과 다른 유전적인 질병들을 치료할 방법을 제공해준다. 그러므로 아기의 혈액과 줄기세포들을 제대혈 은행에 보관하는 것은 매우 중요한 것으로 입증될 수 있다.

구문해설 | [1행] ... , there is now **the issue** *of* [**whether** or not to bank their baby's umbilical cord blood]. ▶ whether 이하의 [ ]는 전치사 of에 의해 the issue와 동격을 이루고 있다.
[7행] ... **provides** doctors **with** *a way* [*to treat* leukemia and other genetic diseases]. ▶ 「provide A with B」는 'A에게 B를 제공하다'의 의미이다. to treat 이하의 [ ]는 a way를 수식하는 형용사적 용법의 to부정사구이다.

어휘 | in addition to ~에 더하여 numerous 다수의 bank (은행에) 맡기다 advertisement 광고 flyer 전단지 primary 첫째의; *주요한 stem cell 줄기세포 tissue (세포) 조직 organ 장기, 기관 treat 다루다; *치료하다 genetic 유전적인 invaluable 매우 귀중한

3 ③

문제해설 | (A) the style이 관계사절 안에서 부사구(in the style) 역할을 하므로 「전치사+관계대명사」 형태인 in which를 써야 한다.
(B) 형용사 practiced를 수식해야 하므로 부사 widely를 써야 한다.
(C) 계속적 용법의 주격 관계대명사 which의 선행사가 a highly stylized and standard form이므로 강조 용법의 재귀대명사로 단수형인 itself를 써야 한다.

해석 | 중국인들은 어떤 사람이 글씨를 쓰는 방식이 그 사람의 성격에 관한 진실을 드러낼 수 있다고 오랫동안 믿어왔다. 심지어 오늘날에도 필체를 통해 그 사람을 알 수 있다는 것이 일반적으로 받아들여진다. 이는 붓이 개인의 팔, 손목, 그리고 손의 확장으로서 역할을 하며, 가장 널리 사용되는 중국식 서체 스타일들이 독특함과 자연스러움을 강조하기 때문이다. 이런 식으로, 붓은 예술가의 모든 움직임을 기록하고, 그 예술가의 성격에 대해 많은 것을 드러낸다.

반면, 유럽의 서체는 고도로 양식화되고 표준화된 형태로 쓰이는 경향이 있는데 이 형태 자체는 개인적인 표현이 부족하다.

구문해설 | [7행] … , [**revealing** much about his or her personality]. ▶ revealing 이하의 [ ]는 부대상황을 나타내는 분사구문으로, and it(= the brush) reveals …로 바꿔 쓸 수 있다.

어휘 | reveal 드러내다 read 읽다; *알아차리다 handwriting 필적, 필체 emphasize 강조하다 uniqueness 독특함 spontaneity 자발성, 자연스러움 extension 연장, 확장 highly 대단히, 매우; *고도로 stylize 양식화하다 standard 표준의 form 양식 lack ~이 없다[부족하다]

4 ③

문제해설 | ③ 선행사인 앞 절 전체에 대해 부연 설명을 하는 계속적 용법의 주격 관계대명사가 와야 하는데, that은 계속적 용법으로 쓸 수 없으므로 which를 써야 한다.
오답풀이
① 「what is called」 '소위, 이른바'
② 부정어구(not only)가 문두에 오면 일반동사 대신 조동사 do[does/did]가 주어 앞에 와서, 「not only+조동사+주어+동사」의 어순이 된다.
④ 「the+비교급 ~, the+비교급 …」 '~하면 할수록 더 …하다'
⑤ 「with+목적어+분사」는 '~가 …하[되]면서'의 의미로 홍조류의 양이 '증가하는' 것이므로 현재분사가 쓰였다.

해석 | 북극 빙하 표면에 사는 조류는 얼음을 붉게 하고 이른바 '수박 눈'이라고 하는 것을 만들어왔다. 분홍빛 눈이 예쁘게 보일지 모르나, 과학자들은 이 조류의 골치 아픈 새로운 영향을 발견했다. 그것은 얼음에 색을 입힐 뿐만 아니라 빙하가 녹는 데에도 기여한다. 조류의 영향에 관한 연구가 이루어졌는데, 조류가 생성하는 붉은 색이 빙하의 표면을 어둡게 하며, 이는 얼음이 태양으로부터 더 많은 열을 흡수하게 하여 빙하가 녹는 것을 가속화하는 것을 밝혀냈다. 조류가 자라려면 액체 상태의 물이 필요하므로, 얼음이 더 많이 녹을수록 홍조류는 더 많이 생길 것이다. 지속해서 홍조류의 양이 증가함에 따라 일부 기후 과학자들은 북극 빙하가 완전히 사라질 위험에 처해있다고 생각한다.

구문해설 | [1행] Algae [**living** on the surface of Arctic glaciers] *have been turning* the ice red and (*have been*) *creating* what is called "watermelon snow." ▶ living 이하의 [ ]는 Algae를 수식하는 현재분사구이다. 과거의 동작이 현재까지 계속 진행되고 있으므로 현재완료진행형이 쓰였다.
[5행] … , [**revealing** that the red color {(*which/that*) they
S'
produce} darkens the surface of the glaciers, which **causes** the
V'
ice **to absorb** more heat from the sun and …]. ▶ revealing 이하의 [ ]는 부대상황을 나타내는 분사 구문이다. { }는 the red color를 선행사로 하는 목적격 관계대명사절로 관계대명사 which 또는 that이 생략되었다. 「cause+목적어+to-v」는 '~가 …하게 하다'라는 의미이다.

어휘 | Arctic 북극의 glacier 빙하 pinkish 분홍색을 띤 trouble 괴롭히다, 애 먹이다 darken 어둡게 만들다 absorb 흡수하다 accelerate 가속화하다 continually 지속적으로, 계속해서

5 ③

문제해설 | (A) 문장에서 주어 역할을 해야 하므로 동명사 being이 적절하다.
(B) 자동사 happen은 수동태로 쓸 수 없으므로 happened가 적절하다.
(C) '~도 또한 …하다'의 의미인 「so+동사+주어」 구문으로, 앞 문장에서 과거 시제 were가 쓰였으므로 네모 안에도 were가 들어가는 것이 적절하다.

해석 | 대부분의 사람들은 유당을 소화할 수 없기 때문에 유아기를 지나면 우유를 마실 수 없는 반면에, 유아는 유당 분해 효소라고 알려진 효소를 암호화하여 유당을 소화할 수 있다. 이 유당 분해 효소 유전자는 보통 우리가 나이가 들면 무력해진다. 수천 년 전에 이것이 바뀌었고, 우유를 쉽게 소화할 수 있음이 일부 지역에서 유리해졌다. 이것은 아마도 우유는 농장에서 쉽게 구할 수 있었고 인간의 식단에 꽤 영양가 높은 첨가물이었기 때문일 것이다. 유당이 제대로 소화되기 전에 약 4천 년 동안 유럽에서 치즈가 만들어진 것으로 추정된다. 아마도 소수의 선택된 개인들이 유아기 이후에도 활성화되는 유당 분해 효소 유전자의 돌연변이를 경험할 가능성이 높았고, 이것이 성인의 유제품 섭취를 가능하게 했다. 그러한 사람들은 생존해서 더 많은 아이를 출산하기에 더 유리했고 그들의 자손들도 또한 그랬으며, 그에 따라 돌연변이가 많이 증가했다.

구문해설 | [2행] … , whereas infants encode *an enzyme* [***known as lactase***], [*which* is able to digest it]. ▶ known 이하의 [ ]는 an enzyme을 수식하는 과거분사구이다. which 이하의 [ ]는 an enzyme known as lactase를 선행사로 하는 계속적 용법의 주격 관계대명사절이다.
[8행] **It** most likely happened [**that** a few select individuals experienced a mutation in the lactase gene that kept it active after infancy], [*making* **it** possible *for adults* **to consume** dairy]. ▶ It은 가주어이고 that 이하의 [ ]가 진주어이다. making 이하의 [ ]는 부대상황을 나타내는 분사 구문이다. 분사 구문에서 it은 가목적어이고 to consume 이하가 진목적어이며 for adults는 to부정사의 의미상의 주어이다.

어휘 | infancy 유아기 digest 소화하다 infant 유아 encode 암호화[부호화]하다 enzyme 효소 gene 유전자 disabled 무능력하게 된 advantageous 이로운, 유리한 readily 손쉽게 fairly 꽤, 상당히 nutritious 영양가 높은 addition 추가된 것, 부가물 roughly 대략 select 선택된, 엄선된 mutation 돌연변이 consume 소모하다; *먹다 dairy 유제품 produce (자식·새끼를) 낳다 offspring 자식 multiply 곱하다; *많이 증가하다

6 ③

문제해설 | (A) 관계사절 안에 주어가 없으므로 a species of algae를 선행사로 하는 주격 관계대명사 that이 와야 한다.
(B) 뒤에 「주어+동사」가 생략된 형태이므로 접속사 While이 와야 한다. During은 전치사로 뒤에 명사구가 따라온다.
(C) 문맥상 포도당을 '만들기 위해'라는 의미이므로 to부정사의 부사적 용법으로 쓰인 to produce를 써야 한다.

해석 | 황금 해파리는 매우 드물어서 한 곳에서만 발견되는데, 팔라우의 많은 섬 중 하나에 있는 작은 바닷물 호수가 그곳이다. 이 독특한 해파리들은 자신의 체내에 싣고 다니는 바닷말 종(種)과 특별한 관계를 형성해왔다. 그 해파리는 호수 표면에 있는 밝은 지역으로 유영하며 바닷말에 햇빛을 제공한다. 호수 표면에 있는 동안 모든 바닷말이 햇빛을 약간씩 받도록 해파리들은 몸을 천천히 회전시킨다. 햇빛을 받으면, 바닷말은 해파리를 위한 에너지원을 만들어낼 수 있다. 광합성이라 불리는 과정을 통해, 바닷말은 태양 에너지를 저장하고 포도당을 만들기 위해 그것을 물과 이산화탄소와 결합한다. 해파리는 그 포도당을 흡수하는데, 이는 호수를 가로질러 갈 에너지를 주고 그들의 신체 구조가 자라게 돕는다.

구문해설 | [1행] Golden jellyfish are **so** rare **that** they can only be found in one place ... . ▶ 「so ~ that ...」 '매우 ~해서 …하다'
[5행] ... , they spin their bodies slowly **so (that)** all of the algae receive some light. ▶ 「~ so (that) ...」은 '…하도록 ~하다'의 의미로 이때 that은 종종 생략된다.

어휘 | rare 드문, 진귀한 species 종(種) algae (바닷)말 surface 표면 spin 돌다. 회전하다 photosynthesis 광합성 solar energy 태양 에너지 combine A with B A를 B와 결합하다 carbon dioxide 이산화탄소 glucose 포도당 absorb 흡수하다

14강 MINI TEST
pp. 68 – 71

| 1 ③ | 2 ④ | 3 ① | 4 ③ |
| 5 ③ | 6 ② | | |

1 ③

문제해설 | ③ 주격 관계대명사 that의 선행사가 tiny lenses이므로 복수 동사 reflect를 써야 한다.
오답풀이
① 「There+is[are]+주어 ~」 구문에서 주어로 no such thing이 왔으므로 단수 동사 is가 쓰였다.
② 「with+목적어+분사」 구문에서 문맥상 기술이 '개발된' 것이므로 과거분사가 쓰였다.

④ 「~ so that ...」 '…하도록 ~하다'
⑤ making 이하는 부대상황을 나타내는 분사 구문이다.

해석 | 만약 당신이 〈해리 포터〉의 팬이라면, 당신은 아마 '투명 망토'에 대해 알고 있을 것이다. 당신이 마녀들과 마법사들로 가득 찬 환상의 세계에 대해 읽고 있을 때 그런 마술 망토는 정말로 그럴듯하게 보인다. 하지만 실제로 투명 망토 같은 것은 없다. 혹시 존재할까? 도쿄대학의 과학자들에 의해 개발된 광학 위장 기술을 보면, 투명 망토는 이미 존재한다. 그것은 어떤 빛도 반사하지 않는 아주 작은 렌즈들을 사용하여 작동한다. 이 렌즈들은 빛의 파장들이 앞쪽으로 다시 전달되기 전에 착용자 뒤편으로 꺾이도록 파장들을 구부린다. 그 옷은 이 모든 것을 빛의 속도로 행하여 완벽한 '투명 망토'로 만든다.

구문해설 | [8행] ... **before reconnecting** at the front. ▶ 접속사가 생략되지 않은 분사 구문으로 before they(= light waves) reconnect at the front로 바꿔 쓸 수 있다.

어휘 | invisibility 눈에 보이지 않음 cloak 망토, 소매 없는 외투 believable 그럴듯한 witch 마녀, (여자) 마법사 wizard (남자) 마법사 curve 구부러지다 reconnect 다시 연결되다 garment 옷, 의복

2 ④

문제해설 | ④ this skilled research를 강조하는 「It is ~ that ...」 강조 구문으로 that을 써야 한다. what은 선행사를 포함하는 관계대명사로 쓰인다.
오답풀이
① Michelin은 고유명사로 단수 취급한다. since는 '~ 이래로'의 의미로 과거부터 현재까지 계속되어 오고 있는 일을 나타내므로 현재완료진행형(has been providing)이 쓰였다.
② 등위접속사 and에 의해 to secretly visit과 (to) thoroughly evaluate가 병렬연결되었다.
③ 목적을 나타내는 부사적 용법의 to부정사가 쓰였다.
⑤ 「help+목적어+(to-)v」 '~가 …하는 것을 돕다'

해석 | 〈미슐랭 가이드〉는 20여 개 이상의 나라에서, 프랑스 타이어 회사인 Michelin에 의해 매년 발간되는 안내서 시리즈이다. Michelin은 1900년 이래로 식당들과 호텔들에 대한 평가를 제공해오고 있다. 그 회사는 그곳들을 비밀리에 방문하고 철저하게 평가하기 위해 전문 감독관을 고용한다. 최고급 식당들과 호텔들을 식별하기 위해 수십 년 동안 평가가 수행되어 왔다. 〈미슐랭 가이드〉를 그렇게 신뢰할 만한 추천 자료로 만드는 것은 바로 이런 숙련된 조사이다. 당신의 요구사항과 예산 한도가 무엇이든지 간에, 〈미슐랭 가이드〉는 당신이 먹고 잠잘 최적의 장소들을 고르는 데 도움을 줄 것이다.

구문해설 | [7행] **No matter what** your requirements or budget limits are, ... ▶ 「no matter what」은 '무엇이[을] ~하더라도'의 의미로 양보를 나타내며 whatever로 바꿔 쓸 수 있다.

어휘 | annually 매년 review 평론, 비평 inspector 감독관, 조사관

thoroughly 철저히, 완전히 evaluate 평가하다 identify 식별하다, 감정하다 skilled 숙련된 reliable 믿을 수 있는 recommendation 추천 requirement 요구, 요건 budget limit 예산 한도

3 ①

문제해설 | (A) 뒤에 완전한 절이 나오므로 접속사 because를 써야 한다.

(B) more years를 목적어로 취하도록 동명사 adding을 써야 한다.

(C) 접속사(when)가 생략되지 않은 분사 구문으로 문맥상 주어(judges)와 동사(determine)가 능동의 관계이므로 현재분사 determining을 써야 한다.

해석 | 증오 범죄는 인종, 종교, 혹은 성별 때문에 특정적으로 표적이 된 피해자에게 저질러지는 범죄이다. 어떤 사람들은 증오는 다른 동기보다 더 악의적이기 때문에 증오 범죄를 저지른 그런 범죄자들은 자동으로 더 오랜 시간을 감옥에서 보내야 한다고 생각한다. 하지만 다른 사람들은 단지 복역 기간을 몇 년 더 추가하는 것은 증오 범죄를 예방하는 데 효과가 없을 것이라고 주장한다. 그들은 판사들이 범죄자의 형벌을 정할 때 범죄를 둘러싼 특유의 정황들을 항상 참작해야 한다고 주장한다.

구문해설 | [6행] They maintain {**that** judges *should* always *consider* **the unique circumstances** [**surrounding** a crime] …}.
▶ that 이하의 { }는 동사 maintain의 목적어 역할을 하며 당위성을 내포하므로 that절의 동사로 「should +동사원형」을 써야 한다. surrounding 이하의 [ ]는 the unique circumstances를 수식하는 현재분사구이다.

어휘 | commit (죄·과실을) 저지르다 victim 피해자, 희생자 target 표적; *표적으로 삼다 specifically 분명히; *특정적으로 gender 성(性), 성별 criminal 범죄자 motive 동기 term 용어; *기간 ineffective 효과 없는 maintain 유지하다; *주장하다 judge 판사 unique 유일무이한, 독특한; *특유의 circumstance (pl.) 상황, 사정 surround 둘러싸다 punishment 형벌, 처벌

4 ③

문제해설 | ③ 지시대명사가 앞에 나오는 motion을 가리키므로 단수 형태인 that을 써야 한다.
오답풀이
① 문맥상 질환이 '알려진' 것이므로 과거분사가 쓰였다.
② 접속사가 생략되지 않은 분사 구문으로 문맥상 주어(many people)와 동사(return)가 능동의 관계이므로 현재분사가 쓰였다.
④ 주격 관계대명사 that의 선행사가 the continual feeling (of rocking from side to side)이므로 단수 동사가 쓰였다.
⑤ 주어(cure)가 단수이므로 there 다음에 단수 동사 is가 쓰였다.

해석 | 상륙 병이라고도 알려진 '육지 상륙 병'은 잘 이해받지 못하는 질환이다. 육지로 돌아온 후, 많은 사람들이 여전히 흔들리는 배 위에 있는 것 같은 느낌을 경험한다. 이런 느낌은 일반적으로 몇 시간 혹은 며칠 내에 사라진다. 하지만 육지 상륙 병 환자들에게 그 느낌은 영구적이다. 한 이론에 의하면, 우리의 뇌는 바다 위 배의 움직임과 같은 것을 모방함으로써 재빨리 그 움직임에 적응한다. 하지만 그런 모방이 상륙 후에도 지속된다면, 그 사람은 육지 상륙 병을 특징짓는 반복적으로 좌우로 흔들리는 느낌을 경험할 것이다. 비록 알려진 치료법은 없지만, 빙빙 도는 느낌을 조절하는 데 사용되는 몇 가지 약들이 흔들리는 느낌을 줄여주는 데 효과적이다.

구문해설 | [8행] … , *some drugs* [**that** are used to control …] are effective *in reducing* the rocking sensation. ▶ that 이하의 [ ]는 some drugs를 선행사로 하는 주격 관계대명사절이다. 전치사 in의 목적어로 동명사(reducing)가 왔다.

어휘 | condition 상태; *질환 sensation 감각, 느낌 rock 흔들리다, 진동하다 permanent 영구적인 adapt to ~에 적응하다 imitate 모방하다 (⑥ imitation 모방) continual 거듭[빈번]되는 characterize (~의) 특징이 되다 cure 치료(법)

5 ③

문제해설 | (A) 관계대명사 which의 선행사가 other forms (of comedy)이므로 복수 동사 rely on을 써야 한다.
(B) 앞에 선행사가 없으므로 선행사를 포함하는 관계대명사 what을 써야 한다. what은 관계사절에서 refer to의 목적어 역할을 한다.
(C) 「rather than ~」은 '~보다는[대신에]'의 의미이며 전치사 than의 목적어로 동명사 distracting을 써야 한다.

해석 | 정색하고 하는 유머는 코미디언의 차분하면서도 심각해 보이는 태도로 특징지어진다. 주로 말에 초점을 맞추기 때문에, 다른 형태의 코미디와는 다른데 다른 형태의 코미디는 관중을 웃게 하기 위해 재미있는 얼굴 표정이나 신체적 익살에 의존한다. 따라서 정색하고 하는 유머는 어떤 이들이 '교양 있는 코미디'라고 언급하는 것과 관련이 있는데, 그것은 정색하고 하는 유머가 일부 관중들에게 농담의 내용을 이해하고 감상할 수 있는 지성을 요구한다는 것을 의미한다. 농담이 아무리 재미있거나 우스꽝스럽더라도, 코미디언은 매우 진지한 표정을 유지해야만 한다. 이것은 관객들의 주의를 코미디언의 움직임이나 얼굴 표정으로 분산시키기보다는 그 말들 자체에 집중하게 한다.

구문해설 | [2행] [**Focusing** mainly on words], … [*to **make**** the audience **laugh**]. ▶ Focusing 이하의 [ ]는 이유를 나타내는 분사 구문으로 As it(= dry humor) focuses mainly on words로 바꿔 쓸 수 있다. to make 이하의 [ ]는 목적을 나타내는 부사적 용법의 to부정사구이며, 사역동사 make는 목적격 보어로 동사원형(laugh)을 취한다.
[5행] … refer to as "highbrow comedy," **meaning** *it* requires … . ▶ meaning 이하는 부대상황을 나타내는 분사 구문으로 it은 dry humor를 가리킨다.

어휘 | seemingly 겉보기에는 delivery 배달; *(연설·공연 등의) 전달[발표] (태도) clowning 익살, 어릿광대짓 be associated with ~와

관련되다 highbrow 식자층의, 교양 있는 intelligence 지능; *지성
appreciate 인정하다; *감상하다 straight 곧은; *진지한 distract
(주의를) 산만하게 하다

6 ②

문제해설 | (A) 사역동사 make의 목적격 보어로 동사원형이 와야 하므로 feel을 써야 한다.
(B) 전치사 by의 목적어로 동명사가 와야 하므로 using을 써야 한다.
(C) who가 이끄는 주격 관계대명사절의 수식을 받는 People이 주어이므로 복수 동사 are를 써야 한다.

해석 | 최근 한 연구는 뜨거운 음료를 마시는 것이 우리가 다정함을 느끼도록 만들 수 있음을 보여주었다. 이 연구에서, 연구원들은 사람들에게 (낯선 사람들이) 얼마나 따뜻하고 신뢰할만하게 보이는지에 관해 그들을 평가하도록 요청했다. 따뜻한 커피 한 잔을 들고 있던 사람들은 보통 낯선 사람들을 높게 평가했지만, 차가운 음료를 들고 있던 대부분의 사람들은 더 낮은 평가를 했다. 뜨거운 음료를 가지고 있던 사람들은 또한 더 관대하게 행동하는 경향이 있었다. 이러한 결과는 아마도 사람들의 성격을 묘사할 때 '따뜻한'과 '차가운'이라는 단어들을 사용함으로써 만들어진 정신적인 연관성 때문일 것이다. 같은 논리가 달콤함에도 적용된다. 사탕을 먹은 사람들은 다른 사람들을 '상냥한' 것으로 묘사할 가능성이 더 높다.

구문해설 | [3행] _Those_ [**who** were holding a warm cup of
             S
coffee] generally <u>rated</u> the strangers highly, while _most of those_
                  V   S'
[**holding** cold drinks] gave lower ratings. ▶who 이하의 [ ]는
          V'
Those를 수식하는 주격 관계대명사절이다. holding 이하의 [ ]는
most of those를 수식하는 현재분사구이다.

어휘 | rate 평가하다 (ⓝ rating 평가) in terms of ~에 관하여
welcoming 따뜻한, 반갑게 맞이하는 trustworthy 신뢰할[믿을]
수 있는 generously 관대하게, 후하게 association 협회; *연계,
연관(성)

15강 MINI TEST   pp. 72 - 75

| 1 ⑤ | 2 ③ | 3 ② | 4 ③ |
| 5 ② | 6 ④ | | |

1 ⑤

문제해설 | (A) 과거를 나타내는 부사구(in 1999)가 있으므로 과거 시제 was를 써야 한다.
(B) 「devote oneself to」 '~에 몰두하다[전념하다]'
(C) 등위접속사 and에 의해 전치사 of의 목적어로 쓰인 동명사 living과 병렬구조를 이루고 있으므로 sharing을 써야 한다.

해석 | Slow City(느리게 살기) 운동은 1999년 이탈리아에서 도시 네 곳의 시장들에 의해 시작되었다. 창립 회의에서, 그 시장들은 그들의 도시들을 '느리게 할' 방법을 의논했다. 그리고 나서 그들은 더 조용하고 덜 오염된 환경을 보장하고, 지역 전통을 보존하며, 지역 공예품들과 요리에 투자하는 데 전념할 것을 서약했다. 게다가, 그들은 시민들이 느린 삶을 살고, 더 나은 삶을 위한 답을 찾는 데 그들의 경험을 공유하는 것의 가치를 알게 하는 것이 중요하다는 데 동의했다. 종합해서, 그들의 목표는 빠르게 변화하는 세계에서 이탈리아의 느림의 전통을 보존하는 것이다.

구문해설 | [3행] … devote themselves **to** _ensuring_ … , _conserving_
local traditions, **and** _investing_ in local crafts and cuisine. ▶ 전
치사 to의 목적어로 동명사 ensuring, conserving, investing이 등
위접속사 and로 병렬연결되었다.

어휘 | movement 움직임; *운동 mayor 시장 found 설립하다, 창시
하다 pledge 맹세하다, 서약하다 devote oneself to ~에 전념하다
ensure 보장하다 conserve 보존하다 (= preserve) invest in ~에
투자하다 craft 공예 cuisine 요리(법) aware of ~을 알고 있는

2 ③

문제해설 | ③ 민속 음악가들에 의해 곡이 '연주되는' 것이므로 과거분사 played를 써야 한다.
오답풀이
① a coastal district를 선행사로 하는 주격 관계대명사로 쓰였다.
② since와 함께 쓰여 과거부터 현재까지 계속된 일을 나타내므로 현재 완료 시제가 쓰였다.
④ 주어가 pig races, ... events이므로 복수 동사가 쓰였다.
⑤ enjoy의 목적어로 쓰인 동명사이다.

해석 | 상하이의 난후이 구는 전통적으로 농사를 지었던 해안 지역이다. 그리고 1991년 이후로, 매년 3월과 4월에 복숭아꽃 축제를 개최해왔다. 축제에서, 방문객들은 수백 그루의 꽃을 피운 복숭아나무들을 볼 수 있고, 그들은 또한 중국 문화를 경험할 수 있다. 예를 들어, 그들은 중국 전통 무용수들을 볼 수 있고 민속 음악가들에 의해 연주되는 곡을 들을 수 있다. 축제에서 가장 재미있는 행사 중 몇 가지는 돼지들을 참여시킨다. 돼지 경주, 돼지 다이빙 대회, 그리고 더 많은 재미있는 행사들이 있다. 많은 지역 농민들은 방문객들이 식사하고 어업과 농업에 대해 배우는 것을 즐길 수 있도록 축제 동안 그들의 집으로 방문객들을 맞이한다.

구문해설 | [6행] Some of **the most entertaining events** at the
festival **involve** pigs. ▶ 「부분사 + of + 명사」가 주어로 쓰이면 of 뒤

의 명사의 수에 동사의 수를 일치시키므로 the most entertaining events에 일치하는 복수 동사 involve가 쓰였다.

[8행] … during the festival **so that** they *can have* a meal *and* (*can*) *enjoy* learning about fishing and agriculture. ▶ so that은 '~하기 위하여'라는 의미의 접속사이다. can have와 (can) enjoy가 등위접속사 and로 병렬연결되었다.

어휘 | district 지구, 지역 coastal 해안의 traditionally 전통적으로 agricultural 농업의 (ⓝ agriculture 농업) host 주최하다 blossom 꽃; 꽃을 피우다 folk 민속의, 전통의 entertaining 재미있는, 즐거움을 주는

3 ②

문제해설 | ② 부정어(Never)가 문두에 올 경우 주어와 동사가 도치되어야 하므로 would they를 써야 한다.

오답풀이
① 동사 think의 목적어로 쓰인 명사절을 이끄는 접속사로 쓰였다.
③ see의 목적어로 쓰인 「의문사+주어+동사」 어순의 간접의문문이다.
④ The croutons, dressing, and Parmesan cheese가 주어이므로 복수 동사가 쓰였다.
⑤ 40 cheeseburgers를 선행사로 하는 주격 관계대명사로 쓰였다.

해석 | 대부분의 사람들은 샐러드가 당신이 먹을 수 있는 가장 건강에 좋은 음식 중 하나라고 생각한다. 그들은 그 반대가 때때로 사실이라는 것을 절대 믿지 않을 것이다. 그러나, 이것은 최근의 한 연구에서 입증되었는데, 이 연구에서 연구원들은 샐러드가 얼마나 건강에 해로울 수 있는지를 알아보길 원했다. 그들은 한 특정한 식당이 시저 샐러드를 믿기 힘든 1,280칼로리로 제공하는 것을 발견했다. 그 식당의 시저 샐러드에 들어 있는 튀긴 작은 빵 조각, 드레싱, 그리고 파마산 치즈는 사실상 그 샐러드를 건강에 해로운 선택으로 만든다. 연구원들은 또한 다른 많은 식당들이 제공한 영양 정보를 살펴보았고 그 식당의 시저 샐러드보다 더 적은 칼로리를 지닌 40개의 치즈버거를 발견했다. 그러므로 일반적인 생각에 반해서, 샐러드가 항상 가장 건강에 좋은 선택인 것은 아니다.

구문해설 | [2행] However, this was proven in *a recent study*, [**in which** researchers wanted to see just how unhealthy a salad can be]. ▶ in which 이하의 [ ]는 「전치사 + 관계대명사」절로 which는 a recent study를 선행사로 하는 계속적 용법의 목적격 관계대명사이다.
[7행] The researchers also looked at *nutrition information* [**offered** by many different restaurants] and … . ▶ offered 이하의 [ ]는 nutrition information을 수식하는 과거분사구이다.

어휘 | opposite 반대 incredible 믿을 수 없는, 믿기 힘든 nutrition 영양 option 선택(할 수 있는 것)

4 ③

문제해설 | ③ 주어 One possible reason을 보충 설명하는 주격 보어

인 명사절을 이끄는 접속사로 문맥상 사실을 나타내는 접속사 that을 써야 한다. whether는 '~인지 아닌지'란 의미로 사실 여부가 의문시될 때 쓰는 접속사이다.

오답풀이
① 전치사 as의 목적어로 동명사가 쓰였다.
② 뒤에 동명사구가 왔으므로 전치사 despite는 적절하다.
④ 부대상황을 나타내는 분사 구문으로 주절의 주어인 they(= his bodyguards)가 Napoleon을 작아 보이게 '만드는' 것이므로 현재분사 making이 쓰였다.
⑤ as는 '~이므로'라는 의미의 이유를 나타내는 접속사이다.

해석 | 일반적으로 Napoleon은 키가 작았다고 여겨진다. 이것은 그의 키가 5피트 2인치(157cm)로 기재되어 있다는 사실에 근거한다. 그러나 그 치수는 프랑스 단위로 측정되었고 부정확하게 변환되었다. 현대 치수로, 그는 사실상 거의 5피트 7인치(170cm)였는데, 그것은 그 당시 평균보다 큰 것이었다. 놀랍게도, 상대적으로 키가 컸음에도 불구하고 Napoleon은 생전에도 키가 작다고 여겨졌다. 이것이 가능한 이유는 그의 경호원들이 매우 키가 컸다는 것이다. Napoleon이 가는 곳마다 그들은 그의 곁에 있었는데, 이것이 상대적으로 그를 작아 보이게 했다. 그의 별명인 'le petit caporal'은 이러한 오해를 키웠는데 'petit'라는 단어가 문자 그대로 '작은'으로 해석될 수 있기 때문이다. 그러나 그것은 사실 그와 그의 병사들의 친근한 관계를 반영하는 경의를 표하는 말이었다.

구문해설 | [4행] … , he was actually nearly *5 feet 7 inches* (*170 cm*) tall, [**which** was taller than average for that time period]. ▶ which 이하의 [ ]는 앞 절의 5 feet 7 inches (170 cm)를 선행사로 하는 계속적 용법의 주격 관계대명사절이다.

어휘 | list 명부[목록]에 기재하다 measurement 치수 unit (구성) 단위 convert 바꾸다, 전환하다 inaccurately 부정확하게 in comparison ~와 비교하여 add to ~을 늘리다 misconception 오해 literally 문자 그대로 interpret 해석하다 respectful 존경심을 보이는, 공손한 reflect 반영하다 connection 관련성; *관계, 연줄

5 ②

문제해설 | (A) '가장 ~한 …중 하나'의 의미인 「one of the + 최상급 + 복수 명사」의 형태이므로 relatives를 써야 한다.
(B) 문맥상 보노보가 '멸종될 위기에 처한' 것이므로 수동태인 be endangered를 써야 한다.
(C) made의 목적격 보어로 형용사가 와야 하므로 vulnerable을 써야 한다.

해석 | 보노보는 콩고 민주 공화국에서만 발견되는 영장류이다. 그것은 인간의 가장 가까운 살아있는 동족 중 하나라고 여겨진다. 보노보는 사회적 상호 작용과 번식에 관한 한 인간과 매우 유사한 행동을 보인다. 더욱이, 보노보의 DNA는 인간의 DNA와 97% 동일하다. 약 10,000마리의 개체만 야생에 남아 있으면서, 보노보는 현재 멸종될 위기에 처한 것으로 여겨진다. 사냥과 서식지 손실이 보노보 개체수의 극적인 감소의 원인이 된 두 가지 요인들이다. 게

다가, 콩고 민주 공화국의 정치적 불안정 또한 (보노보) 개체수를 더 취약하게 만들었다.

구문해설 | [2행] **It is believed to be** one of the closest living relatives of humans. ▶ 「It is believed to-v」 '~로 여겨지다'
[5행] **With** only around 10,000 individuals **remaining** in the wild, the bonobo is … . ▶ 「with+목적어+현재분사」 '~가 …하면서'

어휘 | primate 영장류 relative 친척; *동족 interaction 상호 작용 reproduction 생식, 번식 identical 동일한, 똑같은 individual 개인; *【생물】 개체 remain 계속[여전히] ~이다; *남다 habitat 서식지 factor 요인 dramatic 극적인 decline 감소, 하락 instability 불안정 vulnerable 취약한, 연약한

6 ④

문제해설 | (A) -thing으로 끝나는 대명사는 형용사가 뒤에서 수식하므로 nothing new를 써야 한다.
(B) 문맥상 과거에 테러가 발생했던 곳이 최근에 관광 명소가 된 것이므로 현재완료 has become을 써야 한다.
(C) 「provide A to B」 'B에게 A를 제공하다' (= 「provide B with A」)

해석 | 다크 투어리즘은 사람들이 과거에 죽음과 재난이 발생했던 불안감을 주는 장소들을 방문하는 여행의 한 형태이다. 그런 장소들에 매료되는 것이 새로운 것은 아니지만, 요즘 관광객들은 다른 이유로 그곳들을 찾고 있다. 가장 최근에는, 지금은 국립 911 기념관이 된 뉴욕시의 붕괴된 세계무역센터타워 부지가 성장하는 다크 투어리즘 산업의 명소가 되었다. 이런 장소를 방문하는 것은 세상에 대한 더 나은 이해를 가져올 수 있다. 당신의 방문과 다른 사람들의 방문은 또한 빈곤 지역에 경제적 활성화를 제공할 수 있다. 게다가, 비극으로 충격을 받은 사람들은 비극의 장소를 방문하는 것이 그들을 치유하는 데 도움을 줄 수 있다고 생각할 수도 있다.

구문해설 | [1행] Dark tourism is *a type of travel* {**in which** people visit *disturbing sites* [**where** death …]}. ▶ in which 이하의 { }는 「전치사+관계대명사」절로 which는 a type of travel을 선행사로 하는 목적격 관계대명사이다. where 이하의 [ ]는 disturbing sites를 선행사로 하는 관계부사절이다.

어휘 | disturbing 충격적인, 불안감을 주는 site 현장, 장소 disaster 참사, 재난 fascination 매혹, 매료됨 collapse 붕괴되다, 무너지다 memorial 기념물, 기념관 attraction 끌어당김; *명소 industry 산업 boost 격려, 부양책 affect 영향을 미치다; *충격을 주다 tragedy 비극

| 1 ② | 2 ⑤ | 3 ② | 4 ④ |
| 5 ② | 6 ① | | |

1 ②

문제해설 | ② 문맥상 'A가 아니라 B'라는 의미의 「not A but B」 구문이므로 but을 써야 한다.
오답풀이
① the movie previews를 선행사로 하는 주격 관계대명사로 쓰였다.
③ 앞의 which가 a musical을 선행사로 하는 주격 관계대명사이므로 단수 동사가 쓰였다.
④ 동사 begin은 동명사와 to부정사 모두 목적어로 올 수 있다.
⑤ '훨씬'의 의미로 비교급을 강조하는 부사로 쓰였다.

해석 | 'trail'이란 단어는 '어떤 것의 뒤를 따른다'는 의미이다. 그렇다면 왜 극장에서 영화 시작 전에 상영되는 영화 예고편이 'trailer'라고 알려졌을까? 사실, 초기의 예고편은 그 이름이 나타내는 것처럼 영화의 처음이 아니라 오히려 끝에 상영되었다. 최초의 예고편은 1913년에 상영되었다. 그것은 〈The Pleasure Seekers〉라는 이름의 뮤지컬을 위한 것이었는데, 그것은 그해 말에 브로드웨이에서 상영될 예정이었다. 그 예고편은 뮤지컬이 리허설 되는 짧은 장면들을 포함했다. 그 아이디어는 인기가 있어서 곧 전국에서 예고편은 영화가 끝난 후 나오기 시작했다. 그것들은 가장 흔하게는 시리즈 영화가 끝난 뒤에 등장했는데, 그 영화들은 보통 흥미진진한 장면 도중에 끝났다. 예고편이 시리즈물의 다음 편을 광고하곤 했기 때문에 예고편을 끝에 보여주는 것이 훨씬 더 이치에 맞았다.

구문해설 | [6행] … included short scenes of *the musical* **being rehearsed**. ▶ 전치사 of의 목적어로 동명사구 being rehearsed가 쓰였다. the musical은 being rehearsed의 의미상 주어이다.
[9행] As the trailers **would** advertise … , *it made a lot more sense* [*to show* them at the end]. ▶ would는 과거의 경향·습관을 나타내며, '~하곤 했다'라는 의미이다. it은 가주어이고 to show 이하의 [ ]가 진주어이다.

어휘 | preview 시사회; *(영화의) 예고편 trailer 트레일러(바퀴 달린 컨테이너); *(영화의) 예고편 indicate 나타내다 due ~하기로 되어 있는 rehearse 리허설을 하다 commonly 흔히, 보통 serial [소설·영화 등이] 연속물인 advertise 광고하다 make sense 이치에 맞다

2 ⑤

문제해설 | ⑤ 뒤에 이어지는 절의 문장 성분이 완전하지 않으므로 주어를 대신하는 주격 관계대명사 which나 that을 써야 한다.

오답풀이

① a special kind of protein을 선행사로 하는 주격 관계대명사로 쓰였다.

② 어떤 것이 '행해지는' 것이므로 get의 목적격 보어로 과거분사가 쓰였다.

③ 문맥상 효소의 특정한 기능이 '결정되는' 것이므로 수동태가 쓰였다.

④ the substance를 선행사로 하는 「전치사＋관계대명사」 형태이다.

해석 | 효소는 체내에서 화학 반응을 일으키고 가속할 수 있는 특별한 종류의 단백질이다. 세포가 어떤 일을 해야 할 때, 그 세포는 과정을 더 빠르게 하기 위해 효소를 사용할 수 있다. 모든 단백질처럼, 효소는 함께 연결된 아미노산으로 구성된 띠이다. 효소의 특정한 기능은 그것을 구성하고 있는 아미노산의 종류와 그것들이 어떻게 배열되어 있는지에 의해 결정된다. 효소의 각 유형은 독특하며 그것이 만들어진 목적에 맞는 물질에만 반응할 수 있다. 이것은 중요한데, 이는 효소가 의도되지 않거나 필요 없는 화학 반응을 일으키지 않는다는 것을 확실하게 해주기 때문이다.

구문해설 | [3행] … , enzymes are *chains* {**made up of** *amino acids* [*that* are linked together]}. ▶ made up of 이하의 { }는 chains를 수식하는 과거분사구이다. that 이하의 [ ]는 amino acids를 수식하는 주격 관계대명사절이다.

[4행] An enzyme's particular function is determined **by** *the types of amino acids* [**(which/that)** it is composed of] and *how they are arranged*. ▶ [ ]는 the types of amino acids를 수식하는 목적격 관계대명사절로 which 또는 that이 생략되어 있다. how 이하는 「의문사＋주어＋동사」 어순의 간접의문문으로 전치사 by의 목적어로 쓰였다.

어휘 | enzyme 효소 reaction 반응 (ⓥ react 반응하다) chain 사슬; *일련, 띠 acid 산, 산성의 function 기능 be composed of ~로 구성되어 있다 arrange 정리하다; *배열하다 substance 물질

3 ②

문제해설 | ② 선행사인 the Sui Dynasty에 대한 부연 설명을 하는 계속적 용법의 주격 관계대명사가 와야 하는데, that은 계속적 용법으로 쓸 수 없으므로 which를 써야 한다.

오답풀이

① southern China를 선행사로 하는 계속적 용법의 관계부사로 쓰였다.

③ 문맥상 유럽인들이 차에 '노출된' 것이므로 과거분사 exposed가 쓰인 수동태 구문이 적절하다.

④ 「get+목적어+to-v」 '~가 …하게 만들다'

⑤ 전치사구 By the mid-19th century와 함께 쓰여 과거의 특정 시점에 완료된 일을 나타내므로 과거완료 시제가 쓰였다.

해석 | 사람들은 중국 남부에서 처음으로 차를 마시기 시작했는데, 그곳에서 차 덤불은 자생 식물이다. 그곳 사람들은 밀을 경작하기도 전에, 차 덤불을 기르기 시작했다. 서기 600년경에, 차를 마시는 것은 수나라에 의해 중국 북부로 들어왔는데, 수나라는 중국 남부를 정

복했었다. 1600년대에 유럽 여행객들이 중국에 오기 시작했을 때 유럽인들은 차에 노출되었다. 이 여행객들은 차를 유럽으로 가져갔고, 그것은 그곳에서 매우 인기 있게 되었다. 하지만 유럽의 습하고 추운 기후에서 차 덤불을 자라게 하기란 어려웠다. 19세기 중반쯤에 영국은 인도를 정복했고 그곳에서 차를 재배할 수 있었다. 머지않아, 세계 차의 다량이 인도에서 생산되고 있었다.

구문해설 | [9행] Before long, much of the world's tea **was being produced** in India. ▶ '생산되고 있었다'의 의미가 되어야 하므로 과거진행형 수동태가 쓰였다.

어휘 | bush 관목, 덤불 native 태어난 곳의; *자생의, 토종의 conquer 정복하다 climate 기후

4 ④

문제해설 | (A) Lake Baikal이 주어이므로 단수 동사 curves를 써야 한다.

(B) 관계대명사 뒤의 절에 주어가 없으므로 a pink, partly transparent fish를 선행사로 하는 주격 관계대명사 that을 써야 한다.

(C) '둘러싸인'이라는 의미가 되어야 하므로 과거분사 Surrounded를 써야 한다.

해석 | 세계에서 가장 오래되고 가장 깊은 담수호인 바이칼 호수는 거의 650킬로미터에 걸쳐 시베리아 남동쪽으로 곡선을 이루고 있다. 지리학자들에 따르면, 이 호수는 아마도 2,000만 년에서 2,500만 년 전에 형성되었을 것이다. 일부 지역에서, 이 호수는 수심 1,600미터 이상이고, 차갑고 산소가 풍부한 물은 어디에서도 발견되지 않는 기이한 생물체들로 가득 차 있다. 이 생물체 중 하나는 golomyanka인데, 대부분의 물고기와 달리, 살아있는 새끼를 낳는 부분적으로 투명한 분홍색 물고기이다. 사람들이 평화롭고 독립적으로 사는 작은 마을들이 호수 주변에 많이 있다. 상록수림과 눈으로 덮인 산들에 둘러싸인 바이칼 호수는 정말로 유일무이한 아름다움의 장소이다.

구문해설 | [7행] There are *numerous small villages* around the lake [**where** people live peacefully and independently]. ▶ where 이하의 [ ]는 numerous small villages를 선행사로 하는 관계부사절이다.

어휘 | freshwater 민물[담수]의 curve 곡선을 이루다 geologist 지질학자 partly 부분적으로, 어느 정도 transparent 투명한 produce 낳다 live 살아있는 numerous 많은 evergreen 상록수

5 ②

문제해설 | (A) 동사 is applied를 수식해야 하므로 부사 popularly를 써야 한다.

(B) 동사 help의 목적어 reduce와 등위접속사 and로 병렬연결되었으므로 fight를 써야 한다.

(C) 앞의 절을 선행사로 하는 계속 용법의 주격 관계대명사가 와야 하

정답 및 해설 29

해석 | 금잔화는 15~20종을 포함하는, 일반적으로 '천수국'이라고 불리는 식물의 한 속(屬)이다. 그것은 식용과 장식용, 그리고 의료용 및 미용상의 이유로 쓰인 오랜 역사를 지녔다. 약으로써, 그것은 먹을 수 있지만, 더 일반적으로 피부에 바른다. 로션과 샴푸를 포함하여, 각양각색의 많은 제품들은 현재 핵심 성분으로 금잔화를 포함한다. 금잔화는 또한 잇몸 염증을 줄이고 치태와 충치를 예방하는 것을 돕는다. 이 때문에, 그것은 치약과 구강 청결제에서도 점점 인기를 끄는 성분이 되었다. 금잔화는 또한 수렴제이기도 한데, 이것은 그것이 입 안의 박테리아 수를 줄이고 전반적인 구강 위생을 증진하도록 돕는다.

구문해설 | [9행] ... , which **helps** it *to reduce* the number of bacteria in the mouth **and** *increase* overall oral health.
▶ 「help + 목적어 + (to-)v」는 '~가 …하는 것을 돕다'의 의미이다. to reduce와 (to) increase가 등위접속사 and로 병렬연결되었다.

어휘 | generally 일반적으로; 보통 medicinally 약으로써, 의약으로 popularly 일반적으로 apply 신청하다, 지원하다; *(페인트 · 크림 등을) 바르다 component 성분; 요소 gum 잇몸 inflammation 염증 plague (치아에 끼는) 플라그[치태] ingredient 재료, 성분 mouthwash 구강 청결제 overall 전반적인, 전체의 oral 구두의; *입의

6 ①

문제해설 | (A) ways를 수식하는 형용사적 용법의 to부정사가 와야 하므로 to capture를 써야 한다.
(B) to부정사 to lower와 등위접속사 and로 병렬연결되었으므로 (to) turn을 써야 한다.
(C) 문맥상 물질이 '보관된' 것이므로 과거분사 stored를 써야 한다.

해석 | 기후 변화를 해결하기 위해, 많은 과학자와 기술자들은 과잉 이산화탄소를 포획하기 위한 방법들을 찾고 있다. 인도의 한 회사는 이것을 하는 독특한 방식을 생각해 냈다. 석탄 연소 산업은 이산화탄소 배출을 낮추고 폐기물을 베이킹파우더로 바꾸는 방법을 사용할 수 있다. 이 회사는 현재 화력 발전소에서 그 방법을 실험하고 있는데, 과잉 이산화탄소를 여느 제빵사의 찬장에 보관된 것과 정확히 같은 물질인 탄산수소나트륨으로 바꾸고 있다. 그 회사는 그 방법으로 매년 66,000톤의 이산화탄소를 그 발전소에서 포획할 수 있는 것으로 추정한다. 그것은 같은 기간 동안 12,674대의 자동차를 거리에서 없애는 것과 똑같은 효과를 지닐 것이다.

구문해설 | [5행] The company is now testing its method at a coal-fired power plant, {**changing** excess CO₂ into sodium bicarbonate, *the exact same substance* [*stored* in any baker's cupboard]}. ▶ changing 이하의 { }는 부대상황을 나타내는 분사구문이다. sodium bicarbonate과 the exact same substance는 동격이며, stored 이하의 [ ]는 the exact same substance를 수식하는 과거분사구이다.

어휘 | tackle (힘든 문제와) 씨름하다; *해결하다 capture 포로로 잡다, 포획하다 excess 지나침, 과잉 come up with ~을 생각하다 lower 낮추다 emission 배출 turn A into B A를 B가 되게 하다 [B로 바꿔 놓다] coal-fired 석탄을 때는 power plant 발전소 cupboard 찬장 estimate 추정(치); *추산[추정]하다

MEMO

MEMO

10분 만에 끝내는 영어 수업 준비!

NETutor

NE Tutor는 NE능률이 만든 대한민국 대표 영어 티칭 플랫폼으로
영어 수업에 필요한 모든 콘텐츠와 서비스를 제공합니다.

www.netutor.co.kr

NE Tutor
- 뉴터 Mall
- 교재 / 수업자료
- 커리큘럼
- 스마트 문제뱅크
- E-Book
- 스마트 클래스

• 전국 영어 학원 선생님들이 뽑은 NE Tutor 서비스 TOP 4! •

교재 수업자료 ELT부터 초중고까지 수백여 종 교재의 부가자료, E-Book,
어휘 문제 마법사 등 믿을 수 있는 영어 수업 자료 제공

커리큘럼 대상별/영역별/수준별 교재 커리큘럼 & 영어 실력에 맞는
교재를 추천하는 레벨테스트 제공

한국 교육과정 기반의 IBT 영어 테스트 어휘+문법+듣기+독해 영역별 영어
실력을 정확히 측정하여, 전국 단위 객관적 지표 및 내신/수능 대비 약점 처방

문법 문제뱅크 NE능률이 엄선한 3만 개 문항 기반의 문법 문제 출제 서비스,
최대 50문항까지 간편하게 객관식&주관식 문제 출제

NE_Tutor